财务会计类专业精品课程规划教材

商务礼仪

（第三版）

主编　陈婵凤

图书在版编目(CIP)数据

商务礼仪/陈婵凤主编. —3版. —苏州：苏州大学出版社，2023.1(2024.6重印)
ISBN 978-7-5672-4221-0

Ⅰ.①商… Ⅱ.①陈… Ⅲ.①商务-礼仪-高等职业教育-教材 Ⅳ.①F718

中国版本图书馆 CIP 数据核字(2022)第 248076 号

商务礼仪(第三版)

陈婵凤　主编

责任编辑　薛华强

苏州大学出版社出版发行
(地址：苏州市十梓街1号　邮编：215006)
苏州市深广印刷有限公司印装
(地址：苏州市高新区浒关工业园青花路6号2号厂房　邮编：215151)

开本 787 mm×1 092 mm　1/16　印张 9.25　字数 232 千
2023年1月第3版　2024年6月第3次印刷
ISBN 978-7-5672-4221-0　定价：36.00 元

苏州大学版图书若有印装错误，本社负责调换
苏州大学出版社营销部　电话：0512-67481020
苏州大学出版社网址　http://www.sudapress.com
苏州大学出版社邮箱　sdcbs@suda.edu.cn

第三版前言

《商务礼仪》的修订工作于 2022 年 11 月份完成,这是该教材自出版以来的第二次修订。为了使本教材达到教育部《职业院校教材管理办法》的要求,江苏联合职业技术学院会计专业建设指导委员会先后召开两次院本教材修订会议,达成共识,编者对教材进行了必要的调整和修订。

1. 修订后本教材选用的案例以马克思列宁主义、毛泽东思想、邓小平理论、"三个代表"重要思想、科学发展观、习近平新时代中国特色社会主义思想为指导,有机融入中华优秀传统文化,弘扬劳动光荣、技能宝贵、创造伟大的时代风尚,弘扬精益求精的专业精神、职业精神、工匠精神和劳模精神,引导学生树立正确的世界观、人生观和价值观,思政教育做到润物细无声。

2. 为了进一步提高内容的准确性、针对性,删掉了站姿、坐姿、常用基本手势原来的简笔画图片,替换成精神面貌积极向上的学生图片,体现出正面良好的社会形象,展现学科特点,突出职业教育特色。

3. 本教材经过实践使用,符合技术技能人才成长规律和学生认知特点,适应人才培养模式创新和优化课程体系的需要,突出理论和实践相统一,强调实践性。适应项目学习、案例学习、模块化学习等不同学习方式要求,注重以典型工作任务、案例等为载体组织教学单元,所以本次修订没有在体系上再做修改。

编者意识到,虽经这次修改,但本教材一定还有不够完善之处,希望听取广大读者的宝贵意见,以便今后在适当的时间作进一步修订。

编者

前言

古人云:"人无礼则不生,事无礼则不成,国无礼则不宁。"礼之重要性由此可见。英国哲学家约翰·洛克曾说过:"礼仪是儿童与青年所应该特别小心地养成习惯的第一件大事。"可见,要使青少年健康成长,全面发展,礼仪教育是必不可少的一个重要内容。

本教材作为新型实用礼仪教材,是根据商务活动的实际工作所涉及的各方面礼仪而编写的,分为商务形象礼仪、商务交际礼仪、商务沟通礼仪、商务活动礼仪和涉外商务礼仪五大项目,每个项目又分为若干具体任务,每个任务就是一个礼仪活动训练单元,由"基础知识""知识链接""实训练习"和"课后练习题"四个部分构成。本教材可作为财经商贸专业学生的礼仪教材,还可作为各界人士提高礼仪素养和交际能力的参考资料。

教为基础,训为核心。本教材克服了传统礼仪教材重理论轻实践、重普及轻实训的缺点,在构建工学结合、任务导向特色方面做了尝试和创新。总的说来,本教材有以下特点:一是实用性。理论内容的选择坚持实用、适用、够用的原则,简明扼要,重点突出,紧扣理论引入实用案例,通俗易懂。二是新颖性。本教材以实训为主,让学生在练中学,强调以学生为中心,体现以学生为主体、老师为主导的教学思想。三是创造性。教材运用任务导向式的教学方法,同时结合学生的特点,丰富内容展示的形式,精心设计各个环节,让学生在思考、训练与知识的拓展中实现对本课程知识的理解与应用。四是完整性。基础知识内容翔实、信息量大,便于学生自学和参考。除了必要的基础知识外,每个任务后还有知识的拓展与延伸,环环相扣,层层递进。

本教材由无锡旅游商贸高等职业技术学校陈婵凤担任主编,苏州旅游财经高等职业技术学校陈丹彤、常州旅游商贸高等职业技术学校陈霞、徐州财经高等职业技术学校牟珊珊、宜兴中等专业学校王颖参编。具体分工如下:陈婵凤负责项目一,陈丹彤负责项目二,陈霞负责项目三,牟珊珊负责项目四,王颖负责项目五。全书由陈婵凤负责提供思路、制定大纲、总纂及统稿。

本教材在编写过程中,得到了无锡旅游商贸高等职业技术学校、苏州旅游财经高等职业技术学校、常州旅游商贸高等职业技术学校、徐州财经高等职业技术学校、宜兴中等专业学校等学校领导及有关人员的大力支持和热情帮助。特别感谢徐州财经高等职业技术学校郑在柏老师对本书给予的指导性意见,感谢无锡旅游商贸高等职业技术学校陆钰老师的协调沟通。

由于时间仓促,编者水平有限,书中疏漏之处在所难免,敬请专家和读者不吝赐教,以便于今后修订,使之日臻完善。

编　者

CONTENTS 目录

项目一　商务形象礼仪　001
　　任务1　仪表　001
　　任务2　仪态　011

项目二　商务交际礼仪　024
　　任务1　商务会面礼仪　024
　　任务2　商务通信礼仪　037
　　任务3　商务宴请礼仪　045

项目三　商务沟通礼仪　054
　　任务1　商务交谈礼仪　054
　　任务2　商务谈判礼仪　067
　　任务3　商务推销礼仪　079

项目四　商务活动礼仪　094
　　任务1　会议礼仪　094
　　任务2　展销会礼仪　104
　　任务3　庆典礼仪　107

项目五　涉外商务礼仪　119
　　任务1　涉外基本礼仪　119
　　任务2　国外主要礼仪与禁忌　126

项目一

商务形象礼仪

任务1 仪 表

感 言

1. 冠必正,纽必结,袜与履,俱紧切。——《弟子规》
2. 人的相貌是天生的,但人的仪表却是后天的,是可以控制也可以转变的。

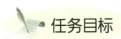
任务目标

1. 了解仪表仪容的重要性;
2. 识记仪表仪容的概念;
3. 熟悉仪表仪容所包含的内容;
4. 结合自身特点修饰自己的仪表;
5. 根据自身的特点及场合,选择合适的服饰;
6. 学会选择合适的饰物进行佩戴。

案例导入

一次某公司招聘财务人员,由于待遇优厚,应者如云。财会专业毕业的小张同学前往面试,她的背景材料非常有竞争力:大学四年中,在各类刊物上发表了3万字的作品;策划过学校一些大型的活动;在某著名会计师事务所实习过;一口流利的英语;书法作品也堪称佳作。小张五官端正,身材高挑、匀称。面试时,招聘者拿着她的材料等她进来。小张穿着迷你裙,上身是露脐装,嘴唇上涂着鲜红的唇膏,轻盈地走到一位考官面前,不请自坐,随后跷起了

"二郎腿",笑眯眯地等着问话。孰料,三位招聘者互相交换了一下眼色,随后主考官说:"张小姐,请下去等通知吧。"小张喜形于色:"好!"挎起小包飞跑出门。

思考:小张的应聘成功了吗?为什么?

基础知识

三国时期曹操曾经这样说过,"君子整其衣冠,尊其瞻视,何必蓬头垢面然后为贤?"这句话的意思是说,即使是谦谦君子,也要使其衣冠整齐,使与瞻视有关的内容看上去令他人感到受尊敬。这是由于礼仪的主要表现形式就是谦逊的态度、文明礼貌的语言、优雅得体的举止等。因此,仪表仪容非常重要,它体现一个人的礼貌、教养和品位格调。仪表和仪容是实施个人礼仪的第一步。

仪表,是指人的外表,包括容貌、姿态、风度以及个人卫生等方面。

仪容在某种程度上也是仪表所包括的内容,泛指人的外观、外貌。

仪表对人的形象起到自我标识、修饰弥补和包装的作用。这是由于人的形象是内在气质和外在形象的结合。具有完美形象的人不仅应该有美好的内心,而且也应该有美好的外表。如果说我们把一个人的思想感情、性格品质、心理状态、道德情操、文化修养看作一个人的内在美的话,那么包括仪容、表情、姿态等因素在内的仪表则是一个人的外在美。显然,仪表美也从一个侧面反映出人的思想修养、精神气质,甚至反映社会文明发展的水平。

心灵美与仪表美不是对立的,而是不可分割的,只有它们互为表里,相得益彰,才是完善的美。诚然,人对自己的长相无法选择,但是可以通过努力予以弥补,仪表美所强调的就是这种必要的"弥补",即人们可以通过对仪容的适度修饰,对表情和姿态的合理选择,从而使自己的仪表给人以审美上的愉悦。

仪表美对人们参与社交的作用是不可轻视的,它在很大程度上影响着一个人社交活动的效果。心理学研究表明,一个人与不相识的人第一次见面,一般30秒内形成第一印象,而在给人的印象中各种刺激所占的百分比是:视觉印象占75%,谈吐印象占16%,味觉印象占3%,嗅觉印象占3%,触觉印象占3%。由此可见,人们比较重视与不相识的人第一次见面后所形成的视觉印象,而这种视觉效果的优劣直接影响到交往是否会继续进行。因此,端庄、整洁、美好的仪表,可以使人产生好感,留下深刻而美好的首次印象,从而为交际活动打下基础。

概括地说,仪表与仪容的礼仪关键就是要做到符合"美"的要求,就是要做到整洁、美观、自然、协调等。下面我们就来介绍一下现代人在仪表仪容上的具体要求。

礼仪小故事1

一、仪表

(一)整洁

整洁是仪表美的关键,是礼仪的基本要求,也是当今社会人与人交往、取得事业成功的必要条件。仪表整洁会给人带来良好清新的第一印象,容易使人亲近。仪表整洁会使人自我感觉舒适、精神,有利于改善周围环境和工作效果。

(二)美观

美观大方的仪容是形成优美良好社交形象的基本要素之一。要使仪容达到美观的效果,首先要求仪容修饰美。它是指依照规范与个人条件,对仪容施行必要的修饰,扬其长,避其短,设计、塑造出美好的个人形象,在人际交往中尽量令自己显得有备而来,自尊自爱。其次,要求仪容内在美。它是指通过努力学习,不断提高个人的文化、艺术素养和思想、道德水准,培养出自己高雅的气质与美好的心灵,使自己秀外慧中,表里如一。

(三)自然

自然是美化仪容的最高境界,它使人看起来真实而生动,不是一张呆板生硬的面具。化妆的最高境界是看起来像没化过妆一样,能自然凸显个人的气质。因此,美的仪表应该讲究过渡、体现层次;点面结合,浓淡相宜。这样才会使人感到自然、真实的美。

(四)协调

仪表的协调包括:

(1)妆面协调。指化妆部位色彩搭配、浓淡协调,所化的妆要针对脸部的个性特点,整体设计要协调。

(2)全身协调。指脸部化妆、发型与服饰协调,力求取得完美的整体效果。

(3)角色协调。指针对自己在社交中扮演的不同角色,以不同的角色形象出现,表现出一定的人际吸引力。

(4)场合协调。日常办公稳重干练,社交场合优雅活跃,不仅会使人内心保持平衡,也会使周围的人心理融洽。

二、仪容

(一)头发

1. 梳洗要勤

一切从头开始,头发应该干干净净,整整齐齐,切忌有头皮屑,这是基本的要求。还应注意以下几点:

(1)根据自己干性、中性或油性的头发特点,选用合适的洗发液。养成周期性洗头发的习惯,至少应该三天洗一次头发,天天洗更好。

(2)及时修剪头发。男士应半个月左右剪一次头发,女士应根据个人情形而定,但最长也不要超过一个月。

(3)梳理头发,保持整齐的发型。这是因为凌乱的头发常给人精神萎靡不振、生活懒散的感觉。每天梳理头发数次,梳头时,一定要留意上衣的肩背部不应有头发和头皮屑。

请注意,在参加重要的应酬前,一定要进行一次洗发、理发、梳发,这是礼仪规范的基本常识。

2. 长短适中

要注意以下几点：

（1）性别因素。在非社交场合中，男人头发可以稍长，但不能披肩。有些男士认为只有留上一头披肩发，才有"艺术家"的味道，但是如果不是画家或音乐家，卫生又跟不上，那么留一头长发，只能败坏他人的胃口和自我形象。女人可以留短发，但不能理板寸头，在头发的长度上可以中性一点，但不应超过极限。

（2）身高因素。头发的长度，在一定程度上与个人的身高有较大的关系。以女性为例，头发的长度可以根据身高适当调节。一般来说，高个子适合留长发，而个子矮小的女士留长发，会给人以更矮的感觉。

（3）年龄因素。飘逸的长发会增添少女的青春活力，但老太太留长发则有些不伦不类。

（4）职业因素。职业对头发长度的影响最大。职业女士或男士，头发都有较明确的限制。男士的头发不宜留长，两边的头发不超过两耳，最长不触及领口，前不超过额头，不能留大鬓角、小胡子，当然也不能剃光头。女士头发的长短要求不太严格，但一般也不能垂过肩部，刘海不能太低，不宜盖住眉毛，必要时应盘发、束发。

3. 发型得体

什么样的发型最为合适，并没有严格的标准，但选择发型有两个因素值得考虑。

（1）脸型因素。发型应与脸型相配。一般而言，瓜子脸配任何发型都好看。而长方脸者，适合留刘海，这样一来，可以弥补脸长的缺陷。圆脸不适宜选用削发或童花式，这样会使脸显得更圆。额头较窄的脸型，适合将额前头发全梳上去，尽量露出额头，使脸部开阔一点。方脸型的女士，棱角比较分明，应尽量避免整齐的直发，而略有波浪的长发可以掩饰突出的下额角。

（2）气质因素。不同气质的人，在发型上也应有不同的表现。平时选择发型时，应根据自己的气质、年龄、身材进行有目的的选择。女性中留长发者，给人的感觉是温顺、开朗；短发则看起来爽快、利索，有男孩的英气；而留中长发并梳理整齐的人往往显得恬静、端庄。

（二）面部

1. 清洁保养

修饰面容首先要做到洁面，即要勤于洗脸。洗脸不能像小猫洗脸那样一抹了事。正确的顺序是：从多油垢的"T"地带洗起，接着是鼻子与下巴，然后再洗面颊及眼部四周，最后是耳部、颈部、发际和眉间。尤其注意洗净耳部、颈部，这是卫生死角。梁实秋先生在他的散文《男人》中曾经这样描写道："有些男人，西装衣裤尽管挺直，他的耳后脖根，土壤肥沃，常常宜于种麦！"

封闭的空调写字间、干燥多尘的空气和强烈的紫外线，使常年暴露在外的脸部肌肤最易受伤害。所以现代人也应该注意面部的护理，具体注意事项如下：

（1）保持乐观情绪。俗语说："笑一笑，十年少。"保持乐观情绪，可使肌肉舒展，促进新陈代谢，加快血液循环，增强皮肤弹性。

（2）养成良好的睡眠习惯。除非是因为工作关系，睡眠时间一定是晚上，而非白天，一般晚上十点前就应该休息了。

（3）养成多喝水的习惯。白开水是最好的美容品，保证2 000毫升/天，特别注意早晨起床后空腹饮一杯水,晚上入睡前半小时喝一杯水。

(4) 注意合理的饮食。

(5) 注意防晒。

2. 鼻子

在接待客人前,最好检查一下自己的鼻毛是否过长,因为过长的鼻毛从鼻孔中"探头探脑"地伸出来,非常有碍观瞻,应用小剪刀剪短,不要去拔,尤其是当着客人的面。如鼻子有疾患引起鼻臭,应及时接受治疗,常用卫生生理盐水清洗鼻腔。注意不要用手挖鼻孔,特别是当着客人的面。

3. 牙齿

牙齿在仪容美中特别引人注目。很多人在五官上精雕细琢,当开口讲话之时,却露出一口有缺损的黄(黑)牙,美的气息便被破坏无遗了,所以牙齿的保洁至关重要。另外,饭后要留心牙齿缝中是否有食物残渣,最好以刷牙、漱口的方式除掉它,若一定要剔,应用手掌和餐巾掩住嘴角,在不引人注意的情况下进行,不可不加掩饰露出满口牙齿。

4. 男士胡须

我国当代风俗,男子不蓄胡须。所以,若不是老人或职业上的特殊需要,都不要蓄胡须,要剃净。特别要指出,不可以当众剃须或拔须。

5. 女士妆容

作为现代女性,掌握一点化妆的学问是必要的。特别是上班或参加各种活动应化妆,这是对他人的尊重,同时化妆也可以增强自信心。虽然说,淡妆浓抹总相宜,但淡妆更合适。

化妆品:普通乳液、粉底(粉底液和粉饼任选一种)、眉笔、眼影、睫毛膏、唇彩、腮红。

工具:眼影刷(一般的眼影盒都有附带的)、睫毛夹、腮红扫(一般要另外买)。

第一步,抹乳液。用常见的乳液就行,用在洗脸后起护肤和滋润的作用。

第二步,擦粉底。如果本身皮肤很好,也可以只抹常见的滋润乳液,不需要擦粉底了。

选粉底的方法:粉底分粉底液和粉饼两种,可任选一种。一般选两三种接近自己肤色的粉底,拭擦于脸颊,以确定与自己的肤色最接近的颜色。

擦粉底的方法:如果是粉底液,就用手指蘸取少量,分别点在额头、鼻梁、脸颊、下巴等处,然后轻轻推匀。如果是粉饼,那是最容易的了,只要用粉扑均匀地扑上就好。

第三步,画眉。眉笔的颜色要选与自己眉毛颜色最接近的,东方人通常为咖啡色、棕色或灰色。

第四步,画眼影。最普通也最简单的一种方法是,同一色彩以不同的深浅,自眼睑下方至上方,由深至浅渐次画上,可以塑造目光深邃的效果,而且眼睛看起来会变大,至少很有神、很亮。

第五步,刷睫毛。刷睫毛前以睫毛夹夹卷后再刷,睫毛应夹3次(夹时注意勿夹到眼皮),第1次夹根部;第2次夹中段并轻轻向上弯;第3次夹尾端。

第六步,画唇。一般用唇彩就可以了,唇彩的颜色最好跟服装的主题色一致。

第七步,刷腮红。选出适合色系的腮红,对着镜子微笑,颧骨的部位就是腮红可以刷上的部位。使用时每次的腮红量要少、要淡;可多刷几次直至效果满意。

化妆要领:宁淡勿浓、熟能生巧。

（三）手

人们的日常生活、工作都离不开双手,有人说手是人的第二张脸孔。通过观察他人的手,可以大致判断出此人的修养与卫生习惯,甚至对生活的态度。手要清洗干净,尤其是指甲缝里的污垢。指甲要经常修剪、洗刷;指甲长度要适当,不可留长指甲,也不可涂有色的指甲油。同时还要注意,在任何公众场合修剪指甲都是不文明、不雅观的举止。

三、服饰

（一）着装的基本原则

1. 配色原则

（1）同类配色。同类色组合以某种颜色为中心,全部搭配这一色系,以其色彩的深浅变化即不同的明度进行组合,如白色与白色、黑色与黑色、浅蓝与深蓝等。西服套装、套裙就是典型的同色组合,这种组合,能够产生和谐统一的整体美感。

（2）相近组合。利用色环上相近的色彩进行搭配,如黄色与绿色、绿色与蓝色、蓝色与紫色等。这种配色方法既丰富多彩,又柔和协调,需要注意的是色彩之间的深浅、明暗要有差别,否则会杂乱而刺眼。

（3）对比配色。用两种特性相反的色彩进行搭配,如用柔和的青绿色配红色,用鲜艳的黄色配紫色,用黑色配白色。这种色彩搭配方法,醒目清新,能够表现鲜明的个性,给人留下深刻的印象。无论运用何种色彩组合方法,颜色都不要过多,尤其是正式场合的服饰搭配。一个人全身服装的颜色,最好不要超过三种。

2. 协调原则

（1）与周围的环境相协调。无论穿戴多么亮丽,如果不考虑场合也是不行的。如果大家都穿便装,你却穿礼服就欠妥当。在正式的场合,要顾及传统和习惯,顺应当地一般的风俗。去教堂或寺庙等场所,不能穿过露或过短的服装,而听音乐会或看芭蕾舞,则应按当地习俗着正装。

（2）与自己的职业、身份、性别、年龄相协调。在社交场合,如果忽略自己的社会角色而着装不当,很容易造成别人对你的错误判断,甚至会引来误解。比如艺术家和作家,即使在正式场合着装也可以尽显自己的独特风格,在选择衬衫和领带的色彩上可以不拘一格;而官方人员代表国家出席某些正规场合,就应该穿得传统或保守些,以示庄重。再如少女穿超短裙活泼有朝气,少妇、老妇穿则不免显得轻佻。

（3）与自己的身材、体形相协调。得体的修饰可以充分展示自己的长处,也可以掩饰自己的弱点,所以要根据自己的体形特点做到扬长避短。

对于较矮的人而言,裤子不能太短、太大。服装颜色宜稍淡,以明快为好,上下一致的颜色可以造成修长的感觉。服装款式宜简洁,忌穿横条纹服装。V型领外套比圆领更能营造出修长之感。

对于高大的人而言,上衣可适当加长以修饰过高的体形,切忌穿太短的上装。服装款式不能太复杂,适宜穿横条或格子上衣。服装颜色宜选择深色、单色为好,太亮太浅太花都不适宜,有种夸张感。

对于较胖的人而言,穿衣服要尽量使自己显得瘦,故不要穿得太紧身,以宽松为好,不然就像"裹肉粽"似的。衣服领以低矮的 V 字形领为最佳,在颜色上以冷色调为好,过于强烈的色彩就显得更胖了。切忌穿横条纹、大格子或太花的衣服。

对于偏瘦的人而言,要尽量穿得丰满点,不要穿太紧身的衣服,服装色彩尽量明亮柔和,太深太暗的色彩会使人显得更瘦小。可选择一些横条纹、方格子衣服。

(4) 与节气相协调。一年四季的变化是大自然的规律,人们在着装时也应遵循这一规律。明朝文人讲四季穿衣之道:春服宜倩,夏服宜爽,秋服宜素,冬服宜艳。这一观点在今日一样适用。

3. TPO 原则

20 世纪 60 年代,日本人提出了场合着装的 TPO(Time,Place,Object 的缩写)原则,其基本含义就是穿衣打扮要有章法,搞清楚穿衣的时间、地点及目的,直到今天它仍是各国人士在着装时所遵循的基本规则。

遵守不同时段着装的规则对女士尤其重要。男士出席各类活动有一套质地上乘的深色西装或中山装足矣,而女士的着装则要随一天时间的变化而变换。出席白天活动时,女士一般可着职业正装;出席晚 5 点到 7 点的鸡尾酒会就须多加一些修饰,如换一双高跟鞋,戴上有光泽的佩饰,围一条漂亮的丝巾;出席晚 7 点以后的正式晚宴等,则应穿中国的传统旗袍或西方的晚礼服。

总之,穿衣打扮是一门综合学问,该穿什么,怎么穿,除了要有一定审美观之外,还要考虑诸多因素,光考虑一件衣服是否适合自己是不够的。

(二) 男士着装的要求

男士着装不求华丽、鲜艳,衣着的色彩以和谐为宜,应遵循不超过三种颜色的原则。西装是西方国家的传统服装,也是世界公认的正规服装,它使人显得庄重、严肃、大方,很适合在工作场合和一些正规的场合穿着,受到人们的青睐。

西装起源于欧洲,有独特的着装标准。

1. 讲究规格

男士西装有两件套和三件套之分,穿着时必须整洁、笔挺。正式场合应穿统一面料、统一颜色的套装,内穿单色衬衫,系好领带,带上领带夹,穿深色皮鞋。三件套西装,在正式场合不可脱下外衣。按照国际惯例,西装里面不加毛背心或毛衣,在我国最多只能加一件 V 字领的毛衣,以保持西装的线条美。

2. 穿好衬衫

每套西装一般需有两三件衬衫搭配,衬衫的领子不可过紧或过松,要挺括,不可有污垢、油渍。衬衫下摆要塞在裤腰里,系好领扣和袖扣;袖口的长度应该正好到手腕,衬衫领口和袖口要超出西服上装领口和袖口 1~2 厘米,以显示出层次;衬衫里面的内衣领口和袖口不能外露。一般系领带时穿的衬衫要贴身,不系领带时穿的衬衫可宽松一点。

3. 系好领带

领带是男士打扮的焦点,通过它能展现穿戴者的个性。不同的领带配同一件衬衫,能产生不同的视觉效果。领带的颜色应根据衬衫来挑选,通常最易搭配的是红色、蓝色或以黄色为主的花色领带。在非正式场合,穿西装可以不系领带,但衬衫的第一个扣子一定要解开。系领带时领结要饱满,与衬衫领口贴合;领带的长度以系好后稍长于裤子的腰带为宜;西装系纽扣穿着时,领带夹夹在衬衫的第二粒和第三粒纽扣间为宜;西装敞开穿着时,领带夹夹在衬衫的第四粒和第五粒纽扣间为好。领带夹过去是西装的重要饰品,现在已很少使用,如要固定领带,可将其第二层放入领带后面的标牌内。

4. 系好扣子

西装扣的扣法很有讲究。穿双排扣西装,扣子要全部扣上;穿单排两粒扣西装,只扣第一粒,也可以全不扣;穿单排三粒扣西装,只能扣中间一粒或全不扣;穿单排一粒扣西装,扣与不扣均可;如果穿三件套西装,则应扣好马甲上所有的扣子,外套的扣子不扣。

5. 用好衣袋

西装衣袋的整理十分重要,上衣两侧的两个大口袋不可装东西,只用来装饰,不然会使西装上衣变形;西装左胸外侧的口袋,有人专门当作"笔筒"使用,更有甚者,把手机也插在那里,其实这个口袋也不是实用性的口袋,可以装折叠好的花式手帕;西装左右胸内侧的口袋,可以装名片夹、票夹、笔、打火机等;裤兜与上衣口袋一样,不能装物,以求裤形美观;裤子后兜可以装折叠好的手帕、零用钱等。

6. 注意鞋袜

鞋子最好为黑色,面料为牛皮或羊皮,穿着时应注意鞋子的保洁和完好。袜子应选择深色的,切忌黑皮鞋配白袜子。

(三)女士着装的要求

1. 内衣

女性内衣不能外露,更不能外穿。如穿裤子和裙子时,不要明显地透出内裤的轮廓,文胸的肩带不能露在衣服外面。此外,将睡衣穿到公共场所也是不雅和失礼的。

2. 丝袜

穿裙服时着丝袜,不仅是礼仪的需要,而且还能掩饰腿部的缺陷,增加腿部的美感。袜子的颜色原则上与裙子的颜色相协调,腿较粗的人适合穿深色的袜子,腿较细的人适合穿浅色的袜子。一般不要选择鲜艳、带有网络或有明显花纹的丝袜。穿丝袜时,袜子口不能露在裙子外面。穿一双明显跳纱、破损的丝袜是不雅和失礼的。

3. 鞋子

要根据穿着舒适、方便、协调而又不失优雅的原则选择不同款式的鞋子。一般个子矮的女性可选择跟高一些的鞋子,个子高者可选择跟低一些的鞋子。年纪稍大的女性,选择的鞋跟不可过高。

4. 短裙

年轻女性的短裙可短至膝盖上3~6厘米,但不能短至只有大腿根部到膝盖处的二分之一长度。中老年女性的短裙一定要长及膝下3厘米左右处。

(四)饰物的佩戴搭配

着一身精心搭配的服装,还应巧妙地佩戴饰物,这是构成整体和谐的点睛之笔,能达到相互烘托、相映生辉的效果。但若佩戴不当,则会画蛇添足,破坏整体的和谐。

1. 首饰的佩戴原则

首饰的特点是体积小,装饰效果明显,选用饰品的原则是有利于表现整体形象,而不是过分炫耀,刻意堆砌。佩戴时应遵循以下原则:

(1) 饰物的佩戴要顾及人体本身的因素,与体形、发型、脸型、肤色及服装和谐。例如脖子粗短者不宜戴多串式项链,而应戴长项链,以显得脖子长些。又如,圆脸或戴眼镜的女士,要少戴大耳环和圆形耳环。年轻女性应选择颜色好、款式新潮的时装首饰,更显可爱。年龄较大的女士应戴一些较贵重的比较精致的首饰,以衬托自己的庄重、高雅。

(2) 饰物的佩戴要考虑所处的场合和活动的内容。如上班、旅游时要少佩戴珍贵的饰物;出席宴会、舞会时应佩戴漂亮、醒目的饰物;吊唁时只能戴结婚戒指、珍珠项链及素色饰物。

(3) 饰物的佩戴男女有别。女性的饰物种类繁多,选择范围较广,而男士的装饰品不多,却很能体现个人风格和品位。西方男士的饰品主要是手表和结婚戒指。男士佩饰应少而精,以显阳刚之气。

(4) 饰物的佩戴要注意整体协调。佩戴饰物还要考虑到人、环境、心情、服饰风格等诸多因素间的关系,力求整体搭配协调。遵守以少为佳、同质同色、符合身份和传统习俗的原则。一般穿考究的服装时,才佩戴昂贵的首饰,服装轻盈飘逸,首饰也应玲珑精致;穿运动装、工作服时不宜佩戴首饰。传统的中国女性注重的首饰是项链和戒指,而西方女性对耳环格外青睐,因为她们认为耳环最能显示人的面孔,还能把一件普通的衣服衬托起来。在社交场合尝试着戴一副简洁的耳环,一定会给人以深刻的印象。

2. 饰物的搭配

帽子、围巾、腰带、提包、眼镜等物品,本来是为其具有实用性而使用的,随着人们对衣着审美品位的提高,这些物品的装饰作用越来越被重视。

围巾和帽子对服装的整体美影响很大,围巾、帽子与服装的风格一致,可增加整体的形象美。在冬季,人们的服装色彩较暗,可以用颜色鲜艳的围巾和帽子点缀,使整个形象生动活泼起来。同样,假如服装色彩很艳丽,可以用颜色素雅的帽子、围巾来求得一种色彩的平衡。帽子还可以用来修饰脸型,长脸形的人应戴鸭舌帽,脸宽的人则应戴小檐高顶帽。

手提包一般要求与服装颜色协调。上班族的皮包颜色应沉稳,款式简单大方,适于搭配各种服装。休闲式样的大挎包、双肩包或手拎包,适合于休闲时逛街、游玩。高级时装可以搭配高档的牛皮包、柔软的羊皮手袋或闪亮的金属包,显得华贵富丽,气质高雅。若穿一身合体的羊毛套裙,可以配古典秀丽的小坤包。

眼镜现在已不只是医疗保健用品,它不仅能保护眼睛,而且是一种饰品,一副精美的金边眼镜,会给人增添几分斯文,而大框架的眼镜则显示出一种豪迈气派。

手帕也是一种饰物,西装左上边口袋里,露出折成三角形、三山形、二山形、花瓣形等形状的手帕,会令人平添几分风度。

知识链接

中外传统服饰比较

首饰也有语言

实训练习

一、案例分析

案例1

日本著名企业家松下幸之助从前不修边幅，企业也不注重形象，因此企业发展缓慢。一天理发时，理发师不客气地批评他不注重仪表，说："你是公司的代表，却这样不注重衣冠，别人会怎么想，连人都这样邋遢，他的公司会好吗？"从此松下幸之助一改过去的习惯，开始注意自己在公众面前的仪表仪态，生意也随之兴旺起来。现在，松下电器的产品享誉全球，与松下幸之助长期率先垂范，要求员工懂礼貌、讲礼节是分不开的。

讨论题：

(1) 注重仪表有什么意义？

(2) 为什么说当今社会中企业的形象和员工的形象有重要的关系呢？

案例2

2002年，著名表演艺术家程冰如在香港遭遇了着装带给他的窘境。那次境遇让程冰如改变了一成不变的老观念：穿衣服确实不能忽视场合。当时，正在香港的某影星获悉程冰如也到了香港，邀请他出席胞兄的画展，并嘱咐他一定去帮忙"捧场"。程冰如到展厅的时间不早不晚，展厅里的人熙熙攘攘，程冰如深深地感到人们的装束无不得体异常，而自己的一身打扮实在有失体面。

程冰如回忆起当时的情景还感慨不已："我身边的几位老总穿得都很到位，精制西装，风度翩翩，头发抹得光亮整齐，整齐得能看出梳子在头发上划过的一绺绺痕迹。那个明星一头短发，上衣的两个大尖领，像两把刀一样伸向两肩，腴白的脖子上是金光闪闪的小珠子项链。胡慧中身穿明艳的晚礼服，黑色套头衫，显得那么帅气，那么干练。我呢，尽管西服料子不错，也合体，只是在香港穿了一个星期没离身，裤线早没了，上衣的兜盖不知怎么的反了向了，兜口老是张着，领带呢，恰巧又忘了戴。"

程冰如说最发怵的是头和脚。头发乱，因为他从不抹油，习惯于早上起床后用梳子随便扒两下就算完事。"当时，头发都各自为政地在头上横躺竖卧，尤其是脑后'旋儿'旁边的那一绺，高高地矗着，不照镜子都能'心知肚明'。脚下一双皮鞋更显得寒酸，因为我穿着它已经走了整整一个星期。不亮不说，整个都走了形，像两个大鲶鱼头套在脚上。"

程冰如说他感到了一种不自在,一种被环境隔离开来的不自在。更不自在的是很多人都认识他,知道他是内地著名的相声艺术家,这个握手,那个交谈,问这问那,他则答非所问,因为脑子里老想着头上"旋儿"边的那一绺站立着的头发……

从那以后,程冰如非常注意在不同时间、不同场合、不同环境的服饰穿着和饰物的搭配,使自己的形象更完美。

思考题:程冰如在画展上为什么会有"一种被环境隔离开来的不自在"的感觉?

二、模拟训练

项目1 女性面部化妆

实训目标:掌握化妆的基本操作规程。

实训学时:1学时。

实训地点:实训室。

实训准备:基本化妆用品。

实训方法:按照化妆的一般方法,教师为一名学员操作示范,然后学员分别操作,教师重点指导。最后评选最佳妆容。

项目2 不同场合服饰的选择

实训目标:掌握不同场合服饰的穿戴与搭配。

实训学时:2学时。

实训地点:实训室。

实训准备:搭配休闲场合、运动场合、商务酒会场合男女的服饰,数码摄像机、投影设备等。

实训方法:学生自由分组,不选最贵只选最对,利用自有服饰,事先搭配好,拍好照片或录像,每组派代表说明搭配的理由,其他组进行评价。教师总结,评选"最完美搭配""最实惠搭配""最有创意搭配""最具个性搭配"等。

课后练习题

任务2 仪 态

感 言

1. 美,首先征服人的感官,然后才是人心;优雅,首先征服人心,然后才是人的感官。
2. 美丽的外形胜于美丽的脸蛋,美丽的举止胜于美丽的外形。——爱默生

1. 了解仪态的重要性；
2. 识记仪态的概念；
3. 熟悉仪态包含的内容；
4. 具备亲切自然的微笑；
5. 恰当有效地使用眼神；
6. 熟练运用各种规范的手势；
7. 具备端庄、稳重、大方的站姿、坐姿、走姿和蹲姿。

  案例导入

英国女王伊丽莎白二世的夫婿爱丁堡公爵在公共场合老是把双手垂直在身后或紧紧地握在一起，一握就是好几个钟头，连摄影记者都觉得没劲，无论从哪个角度照，都是同一个姿势。当大家问他为什么这样做时，他的回答很有意思，他说："记者们都巴不得逮住我挖鼻子掏耳朵的镜头，我把两手紧紧扣在后面容易管束一点。"

思考：为什么爱丁堡公爵如此看重仪态的细节？

基础知识

仪态是指人在行为中的姿势、表情和风度，是一个人精神面貌的外观体现，是人的体与形、静与动的有机结合。英国哲学家培根说："相貌的美高于色泽的美，而秀雅得体的动作美，又高于相貌的美，这是美的精华。"每个人总是以一定的仪态出现在别人面前，一个人的仪态包括他的所有行为举止：一举一动、一颦一笑、站立的姿势、走路的步态、说话的音调、面部的表情等。而这些外部的表现又是他内在的品质、知识、能力等的真实流露。优雅得体的仪态来自落落大方的举止、合乎规范的动作和真诚甜美的微笑，这些是个人礼仪方面最基本的要求。

一、站姿

站立是人们在交际场所最基本的姿势，是其他姿势的基础。站立是一种静态美，是培养优美典雅仪态的起点。

（一）站立的一般要求

站姿的基本要求是：端正、自然、亲切、稳重。具体表现为：头正、颈挺直，两眼平视前方，嘴唇微闭，面带微笑，人体有向上的感觉；收腹、立腰、提臀；两腿挺直，膝盖相碰，脚跟并拢，小腿向后发力，脚尖分开成45度至60度夹角，人体的重心在前脚掌；虎口向前，手指并拢自然微曲,中指压裤缝。这是基本站姿,在此基础上,还可以有所调整。男性通常可采取双手相握、叠放于腹前的前腹式站姿;或将双手背于身后,两手相握的后背式站姿,双脚可稍许叉开,与肩部同宽为限。女性的主要站姿为前腹式,但双腿要基本并拢,脚位应与服装相适应,穿紧身短裙时,脚跟靠近,脚掌分开呈"V"状或"Y"状;穿礼服或旗袍时,可双脚微分。

站立时,竖看要有直立感,即以鼻子为中线的人体应大体成直线;横看要有开阔感,即肢体及身段应给人以舒展的感觉;侧看要有垂直感,即从身与领相接处至脚踝骨前侧亦应大体成直线。这样就可以表现出饱满的精神状态,给人以良好的形象。男女的站姿应形成不同侧重的形象,男子应站得刚毅潇洒,挺拔向上,精力充沛;女子应站得端庄大方,亲切有礼,秀雅优美。

(二)站姿的种类

站姿主要有以下几种(图1-1):

男士标准站姿　　男士后背式站姿　　男士前腹式站姿　　女士V型站姿　　女士丁字型站姿

图1-1　站姿的种类

(三)不良站立姿势及纠正

交际场合双手不可叉在腰间,也不可抱在胸前;不可驼着背,弓着腰;不可眼睛不断左右斜视;不可一肩高一肩低;不可双臂胡乱摆动;不可双腿不停地抖动。在站立时不宜将手插在裤袋里,更不要下意识地出现搓、剔动作,也不要随意摆弄打火机、香烟盒,玩弄皮带、发辫等。这样不但显得拘谨,有失庄重,还会给人以缺乏自信和没有经验的感觉。

二、坐姿

就座是指人们从其他姿势转到入座及应保持的坐相。坐姿的原则是给人以端正、大方、自然、稳重之感。

(一)就座的要求

入座时要轻稳,走到座位前,转身后,右腿后撤半步,轻稳地坐下。女子就座时,应用手将裙稍稍拢一下,男子则应将西服扣打开。坐在椅子上时,上体保持站姿的基本姿势,头正目平,嘴微闭,面带微笑,双膝并拢,两脚平行,鞋尖方向一致,做到两腿自然弯曲,小腿与地面基本垂直。双脚可正放或侧放,并拢或交叠。女子的双膝必须并拢,双手自然弯曲放在膝盖或大腿上。如坐在有扶手的沙发上时,男士可将双手分别搭在扶手上,而女士最好只搭一边,倚在扶手上,以显示高雅;坐在椅子上时,一般只坐满椅子的2/3,不要靠背,仅在休息时才可轻轻靠背;起立时,右腿向回收半步,用小腿的力量将身体支起,并保持上身的直立状态。当然,坐姿还可以上体与腿同时转向一侧,面向对方,形成优美的"S"形坐姿,还可两腿膝部交叉,脚内收与前腿膝下交叉,两脚一前一后着地,双手稍微交叉于腿上。无论采取哪种坐的姿势,关键要做到自然、美观、大方,切不可表现出僵死、生硬。

(二)坐姿的种类

1. 女子的优美坐姿(图1-2)

女士标准坐姿　　　女士侧放式坐姿　　　女士交叉式坐姿　　　女士屈伸式坐姿

图1-2　女士的坐姿

2. 男子的稳重坐姿(图1-3)

图1-3　男士分腿式坐姿

（三）不良坐姿及纠正

不良坐姿主要表现为：
（1）与人交谈时，双腿不停地抖动，甚至鞋跟离开脚跟晃动。
（2）坐姿与环境要求不符，入座后"二郎腿"跷起，或前俯后仰。
（3）将双腿搭在椅子、沙发和桌子上。
（4）女士叠腿要慎重、规范，不可呈"4"字形，男士也不能出现这种不雅的坐姿。
（5）坐下后不可双腿拉开成八字形，也不可将脚伸得很远。

不规范的坐姿是不礼貌的，是缺乏教养的表现。对不雅的坐姿应在平时加以纠正，养成良好的就座姿态。

三、走姿

正确的行走要从容、轻盈、稳重。行走是一种动态美，凡是协调稳健、轻松敏捷的走姿都会给人以美感。女士走姿要展现身体的曲线美，男士走姿要体现阳刚之气。

（一）行走的要求

以站姿为基础，面带微笑，眼睛平视；双肩平稳，双臂前后摆动自然且有节奏，摆幅以30~50度为宜；双肩、双臂都不应过于僵硬；重心稍前倾；行走时左右脚重心反复地向前后交替，使身体向前移动；行走时，两只脚的内侧行走的线迹为一条直线，脚印应正对前方；步幅要适当，一般男士为70厘米左右，女士略小些，但也因性别和身高有一定的差异。此外，着装不同，步幅也不同，如女士穿裙装（特别是旗袍、西服裙或礼服）和穿高跟鞋时步幅应小些；跨出的步子应是脚跟先着地，膝盖不能弯曲，脚腕和膝盖要灵活，富于弹性；走路时应有一定的节奏感，走出步韵。

（二）走姿的种类

（1）前行式走姿。身体保持起立挺拔，行进中若与人问候时，要同时伴随头部和上身的左右转动，微笑点头致意。禁止只转动头部，用眼睛斜视他人的举止。

（2）后退式走姿。当与他人告别时，扭头就走是不礼貌的。应该是先后退两三步，再转身离去。退步时不能轻擦地面，不高抬小腿，后退的步幅要小些，两腿之间距离不能太大，要先转身再转头。

（3）侧行式走姿。当引导他人前行或在较窄的走廊、楼道与他人相遇时，要采用侧行式走姿。引导时要走在来宾的左侧，身体稍向右转体，左肩稍前，右肩稍后，身体朝向来宾，保持两步左右的距离。介绍环境时要辅以手势，这样可以观察来宾的意愿，及时提供满意的服务。

（三）不良走姿及纠正

（1）行走最忌内八字、外八字。
（2）不可弯腰驼背、摇头晃肩、扭腰摆臀。

（3）不可膝盖弯曲，或重心交替不协调，使得头先去而腰、臀后跟上来。
（4）不可走路时吸烟、双手插在裤兜。
（5）不可左顾右盼。
（6）不可无精打采、身体松垮。
（7）不可摆手过快、幅度过大或过小。

四、蹲姿

蹲姿也应当是优美典雅的。很难想象，一位衣冠楚楚的先生或优雅的女士，在众目睽睽之下猫腰翘臀去捡东西。即使是两腿展开，平衡下蹲捡拾也是不美的。那么蹲姿怎样才能做到优美呢？

（一）蹲姿的要求

蹲姿的基本要领：走到物品左边，让物品位于自己身体的右侧，蹲下屈膝去拿，而不要低头，也不要弓背，要慢慢把腰低下；两腿合力支撑身体，掌握好身体的重心，臀部向下。女性穿着低领服装时，可一手护住胸口，一手捡起地上之物。

（二）优雅的蹲姿

一般采取下列两种方法：
（1）交叉式蹲姿。下蹲时右脚在前，左脚在后，右小腿垂直于地面，全脚着地。左腿在后与右腿交叉重叠，左膝由后面伸向右侧，左脚跟抬起脚掌着地。两腿前后靠紧，合力支撑身体。臀部向下，上身稍前倾。
（2）高低式蹲姿。下蹲时左脚在前，右脚稍后（不重叠），两腿靠紧向下蹲。左脚全脚着地，小腿基本垂直于地面，右脚脚跟提起，脚掌着地。右膝低于左膝，右膝内侧靠于左小腿内侧，形成左膝高右膝低的姿势，臀部向下，基本上以右腿支撑身体。男士选用这种蹲姿时，两腿之间可以有适当距离。

（三）不良蹲姿及纠正

（1）女性穿裙子时，要注意背后的上衣自然上提，露出臀部皮肉和内衣很不雅观。
（2）绝对不可以双腿敞开而蹲，这种蹲姿叫"卫生间姿势"，是最不雅的。
（3）蹲在社交场合是不得已的动作，应该避开他人的视线，不要面对他人或背对他人而蹲。

五、表情

面部是人体表情最丰富的部分，它表达人们内心的思想感情，表现人的喜、怒、哀、乐，对人们所说的话起着解释、澄清、纠正或强调的作用。

（一）微笑

1. 对微笑的认识

微笑是人们对某种事物给予肯定以后的内在心理历程，是人们对美好事物表达愉悦情感的心灵外露和积极情绪的展现。微笑可以表现出对他人的理解、关心和爱，是礼貌与修养的外在表现和谦恭、友善、含蓄、自信的反映。人们的微笑是其心理健康的标志。微笑是一种"情绪语言"，它来自心理健康者。

2. 微笑的礼仪规范

微笑的美在于文雅、适度、亲切自然，符合礼貌规范。微笑要诚恳和发自内心，做到"诚于中而形于外"，切不可故作笑颜，假意奉承，做出"职业性的笑"。更不要狂笑、浪笑、奸笑、傻笑、冷笑。发自内心的笑像扑面春风，能温暖人心，化除冷漠，获得理解和支持。面部的表情如何绝不仅仅是天生的因素，后天的气质、风度也必然会反映在脸上，关键是内心的真诚，它与行为主体的道德修养、学识水平有着密切的关系。

3. 微笑的方法。

露出八颗牙齿，可以默念"钱""cheese"等。

（二）眼神

眼神是面部表情的核心，是心灵的窗口。

1. 对眼神的认识

心理学家认为，最能准确表达人的感情和内心活动的是眼睛和眼神。通过眼睛和眼神完全可以来判断对他人的第一印象，眼神反映着他的性格和内心动向。

在交际场所，眼神是一种深情的、含蓄的无声语言，往往可以表达有声语言难以表现的意义和情感。人的眼睛时刻在"说话"，时刻道出内心的秘密。如交谈时注视对方，则意味着对其重视；走路时双目直视、旁若无人，则表示高傲；频频左顾右盼则表示心中有事；对来访者只招呼而不看对方则表明工作忙而不愿接待；等等。交际时，目光接触是常见的沟通方式，而眼神会表示不同的含义。如相互正视片刻表示坦诚；瞪眼相视表示敌意；斜着扫一眼表示鄙视；正视、逼视则表示命令；不住地上下打量表示挑衅；白眼表示反感；眼睛眨个不停表示疑问；双目大睁表示吃惊；眯着眼看既可表示高兴，也可表示轻视；左顾右盼、低眉偷觑表示困窘；行注目礼表示尊敬；等等。

2. 眼神的礼仪规范

在交际中，要注意注视对方的时间、位置和讲究眼神的礼仪规范。

（1）注视的时间。与人交谈时，不可长时间地凝视对方。一般情况下，眼睛有50%的时间注视对方，另外50%的时间注视对方脸部以外的5～10厘米处。对东方人也可只以1/3时间注视对方，自始至终地注视对方是不礼貌的。在社交场合，无意与别人的目光相遇不要马上移开，应自然对视1～2秒，然后慢慢离开。与异性目光对视时，不可超过2秒，否则将引起对方无端的猜测。必须根据所观看的对象和场合把握好注视的时间。

（2）注视的位置。用目光注视对方，应自然、稳重、柔和，而不能死盯住对方某部位，或不停地在对方身上上下打量，这是极失礼的表现。注视对方什么位置，要依据传达什么信息、造成什么气氛而异；要依据不同场合、不同对象而选择具体目光所及之处和注视的区间。

公务注视区间范围一般是：以两眼为底线，以前额上端为顶点所形成的三角区间。注视这一区间能够造成严肃认真、居高临下、压住对方的效果。该方式多用于商务谈判、外事交往和军事指挥。

人们在普通的社交场合采用的注视区间是社交注视区间。这一区间的范围是以两眼为上线，以下颌额为顶点所连接成的倒三角区域。由于注视这一区域最容易形成平等感，容易造成良好的社交氛围，因此人们常在茶话会、舞会、酒会、联欢会以及其他一般社交场合运用。注视谈话者这一区域，能让谈话者轻松、自然，能比较自由地把他们的观点、见解发表出来。

具有亲密关系的人在交谈时采用的注视区间为亲密注视区间，它主要是看着对方的眼睛、嘴部和胸部。恋人之间，至爱亲朋之间，注视这些区域能激发感情，表达爱意。

（3）不同民族、不同文化的差异。不同国家、不同民族、不同文化习俗对眼神的运用也有差异。如在美国，一般情况下，男士是不能盯着女士看的；两个男士之间也不能对视的时间过长，除非是得到对方的默许。日本人对话时，目光要落在对方的颈部，四目相视是失礼的。阿拉伯民族认为，不论与谁说话，都应看着对方。大部分国家的人们忌讳直视对方的眼睛，甚至认为这种目光带有挑衅和侮辱的性质。

（4）敢于正视对方。在交谈中敢于礼貌地正视对方，是一种坦荡、自信的表现，也是对他人尊重的体现。谈话中眼睛往上、往下、眯眼、斜视、闭眼、游离不定、目光涣散、漫不经心等，都是在交际中忌讳的眼神。当别人难堪时，不要去看他；交谈休息时或停止谈话时，不要正视对方。

六、手势

手势是人们交际时不可缺少的体态语言，运用恰当可以增强表情达意的效果。手势要规范，既不能使用过多，也不能摆动幅度过大，更不可手舞足蹈。手势美是动态美，恰当地运用手势来表达真情实意，会在交际中表现出良好的形象。

（一）手势的要求

手势的基本要求是：手指伸直并拢，掌心向斜上方，腕关节伸直，手与前臂成一直线，以肘关节为轴，肘关节既不要成90度直角，也不要完全伸直，弯曲140度左右为宜，手掌与地面基本上形成45度角。

（二）常用的基本手势

有一些手势，比如，"请往前走""请进""里边请""请坐"等，生活中都经常使用。下面做具体介绍。

引导客人，就是为客人指示前进的方向，要言行并举。轻声对客人说"请往前走"，然后可采用"直臂式"手势，即五指伸直并拢，掌心向上，以肘部为轴，由腹前抬起，手臂提至胸前，朝欲指示的方向伸出前臂。应注意，在指引方向时，身体要侧向来宾，目光要兼顾来宾和所指方向，直到来宾表示清楚了，再放下手势，向后退一步，施礼并说"请您走好"等礼貌用语。

站在门口迎接来宾时,可采用"横摆式"手势,并说"请进"。以右手为例:手指伸直并拢,掌心向斜上方,腕关节伸直,手与前臂成一直线,以肘关节为轴,肘关节既不要成90度直角,也不要完全伸直,弯曲140度左右为宜,手掌与地面基本上形成45度角,手从腹前抬起向右摆动至身体右前方,不要将手臂摆至体侧或身后。同时,脚站成右丁字步,左手下垂,目视来宾,面带微笑。一般情况下要站在来宾的右侧,并将身体转向来宾,当来宾将要走近时,向前一小步,不要站在来宾的正前方,以避免阻挡来宾的视线和行进的方向,并与来宾保持适度距离。上步后,向来宾施礼、问候,然后向后撤步,先撤左脚,再撤右脚,重新站成右丁字步。

当引领来宾至房间门、电梯门前时,说"里边请",应一只手扶门,另一只手可采用"曲臂式"手势。以右手为例:五指伸直并拢,从身体的侧前方,由下向上抬起,上臂抬至离开身体近45度的高度,然后以肘关节为轴,手臂由体侧向体前向左摆动成曲臂状,请来宾进去后,自己随后进去将门关好。

在接待来宾并请其入座时,说"请坐",可采用"斜式"手势,即一只手屈臂由前抬起,以肘关节为轴,前臂由上向下摆动,使手臂向下成一斜线,指向椅子,表示请来宾入座。如遇重要来宾还应用双手扶椅背将椅子拉出,放到合适的位置,协助其入座。

常用的基本手势,如图1-4所示。

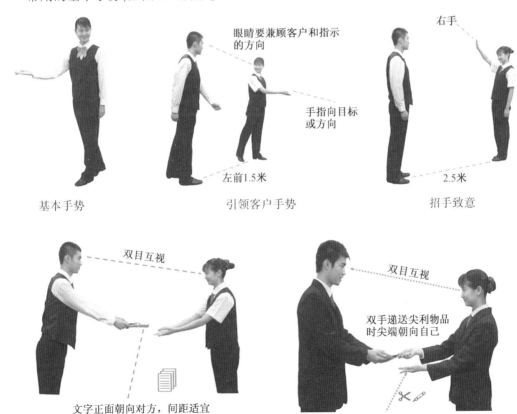

图1-4 常用的基本手势

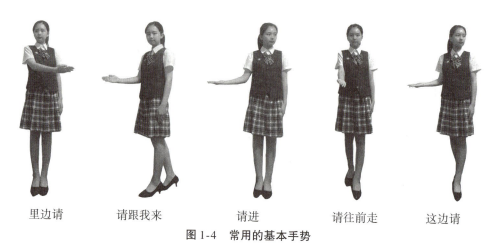

图 1-4　常用的基本手势（里边请　请跟我来　请进　请往前走　这边请）

（三）鼓掌的手势

作为一种礼节，鼓掌含有欢迎、赞许、祝贺、感谢、鼓励等语意。在鼓掌时，最标准的动作是：面带微笑，抬起两臂，先抬起左手手掌至胸前，掌心向上，再以右手除拇指外的其他四指轻拍左手中部。此时，节奏要平稳，频率要一致。至于掌声大小，则应与气氛相协调为好。例如，表示喜悦的心情时，可使掌声热烈；表达祝贺之时，可使掌声时间持续；观看文艺演出时，则应注意勿使掌声打扰演出的正常进行。通常情况下，不要对他人"鼓倒掌"，也不要在鼓掌时伴以吼叫、吹口哨、跺脚、起哄等不好的行为，这些做法会破坏鼓掌的本来意义。

（四）其他注意事项

为他人做介绍时，手势动作应文雅，无论介绍哪一方，都应手心朝上，手背朝下，四指并拢，拇指张开，手掌基本上抬至肩的高度并指向被介绍的一方，面带微笑。

在任何情况下，不可用拇指指自己的鼻尖或用手指指点他人，这含有妄自尊大和教训别人之意。谈到自己时应用手掌轻按自己的左胸，显得端庄、大方、可信；同样的一种手势在不同的国家、地区有不同的含义，千万不可乱用而造成误解。

（五）交际中应避免出现的手势

（1）交际场合不可当众搔头皮、掏耳朵、挖鼻孔、抠眼屎、搓泥垢、修指甲、揉衣角、用手指在桌上乱画、玩手中的笔或其他工具等。

（2）在公众场合切忌对别人指指点点。

礼仪小故事2

知识链接

各国手势的差异　　从姿态看心理

实训练习

一、案例分析

案例1

一次,有位老师带着三个毕业生同时到一家公司应聘做业务员,面试前老师怕学生紧张,同人事部主任商量让三个同学一起面试。三位同学进入人事部主任办公室时,主任上前请三位同学入座。主任回到办公桌前,抬头一看,欲言又止。只见两位同学坐在沙发上,一个架起二郎腿,而且两腿不停地颤抖,另一个身子松懈地斜靠在沙发一角,两手攥握手指咯咯作响,只有一个同学端坐在椅子上等候面试。人事部主任起身非常客气地对两位坐在沙发上的同学说:"对不起,你们二位的面试已经结束了,请退出。"两位同学四目相对,不知何故,面试怎么什么都没问,就结束了。

讨论题:你知道其中的缘故吗?

案例2

飞机起飞前,一位乘客请空姐给他倒一杯水吃药,空姐很有礼貌地说:"先生,为了您的安全,请稍等片刻,等飞机进入平衡飞行后,我会立刻把水给您送过来,好吗?"

十五分钟后,飞机早已进入平衡飞行状态。突然,乘客服务铃急促地响了起来,空姐猛然意识到:糟了,由于太忙,她忘记给那位乘客倒水了。当空姐来到客舱,看见按响服务铃的果然是刚才那位乘客,她小心翼翼地把水送到那位乘客眼前,微笑着说:"先生,实在对不起,由于我的疏忽,延误了您吃药的时间,我感到非常抱歉。"这位乘客抬起左手,指着手表说道:"怎么回事,有你这样服务的吗?你看看,都过了多久了?"空姐手里端着水,心里感到很委屈,但是,无论她怎么解释,这位挑剔的乘客都不肯原谅她的疏忽。

接下来的飞行途中,为了弥补自己的过失,每次去客舱给乘客服务时,空姐都会特意走到那位乘客面前,面带微笑地询问他是否需要水,或者别的什么帮助,然而,那位乘客余怒未消,摆出不合作的样子,并不理会空姐。

临到目的地前,那位乘客要求空姐把留言本给他送过去,很显然,他要投诉这名空姐,此时空姐心里很委屈,但是仍然不失职业道德,显得非常有礼貌,而且面带微笑地说道:"先生,请允许我再次向您表示真诚的歉意,无论您提出什么意见,我都会欣然接受您的批评!"那位乘客脸色一紧,嘴巴准备说什么,可是没有开口,他接过留言本,开始在本子上写了起来。

等到飞机安全降落,所有的乘客陆续离开后,空姐本以为这下完了,没想到,等她打开留言本,却惊奇地发现,那位乘客在本子上写下的并不是投诉信,相反,这是一封热情洋溢的表扬信。

是什么使得这位挑剔的乘客最终放弃了投诉呢?在信中,空姐读到这样一句话:"在整个过程中,你表现出的真诚的歉意,特别是你的十二次微笑深深打动了我,使我最终决定将投诉信写成表扬信!你的服务质量很高,下次如果有机会,我还将乘坐你们的航班。"

讨论题:

(1) 微笑有何作用?

(2) 微笑时应注意什么?

案例 3

一个美国人带着一只狗步入广州的一家餐厅。入座后他指指自己的嘴,又指指狗,意思是自己和狗都要吃东西,服务员把狗带走了。过了不久,服务员端来了一盘热腾腾的菜,"对不起先生,让您久等了,这是您要的狗肉"。

讨论题:这则笑话说明了什么?

二、模拟训练

项目 1　站姿

实训目标:掌握各种正确的站姿。

实训学时:2 学时。

实训地点:形体训练室。

实训准备:准备几首舒缓的轻音乐,音乐播放器材,着统一制服。

实训方法:面向镜子,先靠墙站立,要求后脚跟、小腿、臀、双肩、后脑勺都紧贴墙,进行整体的挺拔训练,坚持 20 分钟。离开墙,与他人前后左右间距 1 米左右,头顶书本,坚持 20 分钟。

项目 2　坐姿

实训目标:掌握各种正确的坐姿。

实训学时:2 学时。

实训地点:形体训练室。

实训准备:准备几首舒缓的轻音乐,音乐播放器材,着统一制服,准备椅子若干。

实训方法:面对镜子,每种坐姿分别训练,注意落座、离座的练习,注意远离靠背。可以分组训练,一组在练坐姿的同时,其余小组靠墙练站姿。

项目 3　走姿

实训目标:掌握正确的走姿。

实训学时:2 学时。

实训地点:形体训练室。

实训准备:准备几首舒缓的轻音乐,音乐播放器材,着统一制服,地上标注直线。

实训方法:先原地摆臂训练,然后练习双脚内侧踩在一直线上,注意步度与步幅。先练习直线行走,再练习转弯。

项目 4　蹲姿

实训目标:掌握各种正确的蹲姿。

实训学时:2 学时。

实训地点:形体训练室。

实训准备:准备几首舒缓的轻音乐,音乐播放器材,着统一制服。

实训方法:注意上半身挺直,直腰下蹲,直腰起立,不摇晃,重心稳。

项目 5　眼神、微笑

实训目标:正确使用眼神,掌握甜美真诚的微笑。

实训学时:2 学时。

实训地点:形体训练室。

实训准备:准备几首舒缓的轻音乐,各种眼神、微笑的影像资料,多媒体设备,着统一制服。

实训方法：观看影像资料，揣摩，模仿。分组两两相对互视，注意公务、社交和亲密的注视距离与部位。对镜练习微笑，念"茄子""钱"等音，口含一根竹筷，露出八颗牙，嘴角上扬，调整角度，务求展现自己最完美的笑容。注意眼神与笑容的配合。

项目6　手势

实训目标：掌握各种常用的手势。

实训学时：2学时。

实训地点：形体训练室。

实训准备：准备几首舒缓的轻音乐，音乐播放器材，着统一制服。

实训方法：练习横摆式（请进）、曲臂式（里边请）、直臂式（请往前走）、斜下式（请坐）、招呼他人、挥手道别、递接物品和展示物品等，相互纠正。

项目7　综合训练

实训目标：综合运用眼神、微笑、各种手势、站姿、步姿引领客人。

实训学时：2学时。

实训地点：各种场地。

实训准备：着统一制服，找好有楼梯、拐弯和门的路线。

实训方法：设计几条线路，学生分组练习，当一人引领时，其余人做客人。注意各种姿势与表情、动作的自然运用。师生共同进行评价，选出最佳引导员。

课后练习题

项目二

商务交际礼仪

任务1 商务会面礼仪

感 言

1. 不学礼,无以立。——《论语·季氏》
2. 人无礼则不生,事无礼则不成,国无礼则不守。——《荀子·修身》

任务目标

1. 能得体地称呼对方;
2. 得体地进行自我介绍和介绍他人;
3. 熟练运用标准的握手、鞠躬、递接名片等礼仪;
4. 能够恰当地选择礼品、互赠礼品;
5. 能够正确地运用鲜花表达情意;
6. 接待、拜访符合礼仪规范。

案例导入

在一次经济技术开发洽谈会上,一方的负责人竟连续发生称呼张冠李戴的现象,这引起了另一方的注意,觉得这样的合作者头脑不清晰,生产经营能力不可信赖,从而取消了合作的打算。可见,对称呼张冠李戴的现象必须引起注意,因为它是交际活动的障碍。人际交往离不开语言,如果我们把交际语言比喻成浩浩荡荡的大军,那么称呼便是这支大军的先锋官,交际总是从称呼开始的。然而仅有称呼也不行,还要看称呼语是否合适,因为人们往往对称呼的恰当与否十分敏感。尤其是初见者,称呼是否恰当在一定程度上影响着交际的成败。可见称呼语是十分重要的。

思考:在社会交往中,如何避免称呼上张冠李戴的现象?

 基础知识

一、称呼

(一) 敬语

敬语,亦称"敬辞",它与"谦语"相对,是表示尊敬礼貌的词语。除了礼貌上的必须之外,多使用敬语,还可体现一个人的文化修养。

1. 敬语的运用场合

(1) 比较正规的社交场合。

(2) 与师长或身份、地位较高的人的交谈。

(3) 与人初次打交道或会见不太熟悉的人。

(4) 会议、谈判等公务场合等。

2. 常用敬语

我们日常使用的敬语有"请"字,第二人称中的"您"字,代词"阁下""尊夫人""贵方"等。另外还有一些常用的词语用法,如初次见面称"久仰",很久不见称"久违",请人批评称"请教",请人原谅称"包涵",麻烦别人称"打扰",托人办事称"拜托",赞人见解称"高见",等等。

(二) 谦语

谦语,亦称"谦辞",它是与"敬语"相对,是向人表示谦恭和自谦的一种词语。谦语最常见的用法是在别人面前谦称自己和自己的亲属。例如,称自己为"愚",称亲属为"家严""家慈""家兄""家嫂"等。自谦和敬人,是一个不可分割的统一体。尽管日常生活中谦语使用不多,但其精神无处不在。只要你在日常用语中表现出你的谦虚和恳切,人们自然会尊重你。

(三) 雅语

雅语是指一些比较文雅的词语。雅语常常在一些正规的场合以及一些有长辈和女性在场的情况下,被用来替代那些比较随便,甚至粗俗的话语。多使用雅语,能体现出一个人的文化素养以及尊重他人的个人素质。在待人接物中,要是你正在招待客人,在端茶时,你应该说:"请用茶。"如果还用点心招待,可以用"请用一些茶点"。假如你先于别人结束用餐,你应该向其他人打招呼说:"请大家慢用。"雅语的使用不是机械的、固定的。只要你的言谈举止彬彬有礼,人们就会对你的个人修养留下较深的印象。只要大家注意使用雅语,必然会对形成文明、高尚的社会风气大有益处,并对我国整体民族素质的提高有所帮助。

(四) 注意事项

在接待活动中,接待人员对接待对象所使用的称呼,往往备受对方重视。因为选择一种

称呼，不仅反映着自身的教养和对对方尊重的程度，而且还体现着双方关系发展到了何种程度。在称呼接待对象时，接待人员应该注重称呼正规、区分对象、有主有次、防止犯忌等4个具体事项。

1. 称呼正规

在工作岗位上，人们所使用的称呼自有其特殊性。下述5种正规的称呼方式，是可以广泛采用的：

（1）称呼行政职务。在正式场合下，尤其是在具体工作之中，以交往对象的职务，如行政职务相称，以示敬意有加、身份有别，这是接待活动中最常见、最正规的一种称呼方式。比如"张总""陈经理""李主任"等。

（2）称呼技术职称。目前的社会，正处于知识经济的时代，有文化、有知识、有技术的人士受到普遍的尊敬。在接待活动中，对对方人员中具有技术职称者，特别是具有高级专业技术职称者，在工作中可直称其技术职称，以示对其敬意有加。比如"王教授""钱工程师"等。

（3）称呼学术学位。与前一种情形相类似，在交往中，特别是在实际工作中或学术活动中以交往对象的学术学位相称，既可增强现场的学术气氛，又可增加被称呼者的权威。比如"吴博士"等。

（4）称呼职业名称。在接待活动中，当接待人员仅仅了解接待对象所从事的具体行业，而不清楚对象的行政职务、技术职称或学术学位时，直接称呼被称呼者的职业名称，往往也是可行的，是另一种不失礼的方式。比如，可以统称教员为"老师"，称医生为"大夫"，称警察为"警官"，等等。

（5）称呼通行尊称。通行尊称，也称为"泛尊称"，它通常适用于各类被称呼者。诸如"同志""小姐"等，都属于通行尊称。不过，其具体适用对象同样小有差别。

2. 区分对象

当面对不同行业、不同职务、不同身份乃至不同性别的接待对象时，接待人员还须根据交往对象的不同，而在称呼上有所区别。一般说来，对于成年人，可以将男士称为"先生"，将妇女称为"小姐""夫人"或"女士"。这是目前通行的"泛尊称"。在称呼妇女时要注意，对已婚者应称"夫人"，对未婚者或不了解其婚否者可称"小姐"，对于不了解其婚否者亦可称之为"女士"。此外，不同的场合还有不同的讲究，具体而言，主要有下列几点需要特别重视：

（1）在政务活动中，除了可以使用"泛尊称"外，还可以称呼对方的行政职务。

（2）在军事交往中，对于军界人士，最佳的称呼是称其军衔。对于行政职务，一般不必称呼。

（3）在宗教活动中，对于神职人员，一般均应以其神职相称。有两点要特别加以注意：第一，切勿在称其神职时出现差错；第二，越是正式的场合，越应当在称其神职时采用全称。

（4）在一般场合中，对于教授、研究员、工程师、律师、法官、医生、博士等职称、职务或学位拥有者，均可直接以之相称，对方人士会感觉十分"顺耳"。

3. 有主有次

在实际工作中，接待人员往往需要在同一时间内对多名接待对象同时加以称呼。在这种情况下，既要注意在称呼对方时面面俱到，又要注意在称呼对方时有主有次。所谓有主有次，通常指的是在需要同时称呼多名接待对象时，一定要首先分清主次，然后再由主到次，依次而行。在实际操作中，其标准做法有下列4种：

（1）由尊而"卑"。它的具体含义是，称呼多名人士时，应当自其地位较高者开始，自高而低，按顺序进行。

（2）由疏而亲。它的具体含义是，若被称呼的多名人士与自己存在亲疏之别，为避嫌疑，一般应当首先称呼其中与自己关系生疏者，然后再称呼其中与自己关系亲近者。

（3）由近而远。有时不便细分多名被称呼者的"尊卑"、亲疏，那么则不妨以对方距离自己的远近来进行，即先称呼距离自己最近者，然后依次称呼距离自己较远者。

（4）统一称呼。在一些特殊情况下，对多名称呼者不必一一称呼，或者不便一一称呼时，则可采用统一称呼对方的方式作为变通。例如，以"诸位""大家""各位来宾""女士们、先生们"等方式直接称呼对方。

4. 防止犯忌

在接待活动中，千万注意不要因为称呼而冒犯对方的禁忌。一般而言，以下几种错误称呼，都是接待人员平日不宜采用的。

（1）错误的称呼。在称呼接待对象时，千万不能有任何形式的差错。因为不论是何种差错，显然都是十分失礼的。

（2）庸俗的称呼。某些市井流行的称呼，因其庸俗低级，格调不高，甚至带有显著的黑社会风格，在接待活动中应当绝对禁止使用。接待人员在正式场合如采用低级庸俗的称呼，则是既失礼，又失自己身份的。

（3）绰号性称呼。在接待活动中，对关系一般者，切勿擅自称对方的绰号，也不应以道听途说而来的绰号去称呼对方。至于一些对对方具有讽刺、侮辱性质的绰号，更是严禁使用。接待人员一定要记住，在任何情况下，当面以绰号称呼他人，都是不尊重对方的表现。

（4）地域性称呼。有些称呼，诸如"爱人""对象""师傅""小鬼"等，具有很强的地域性特征。一旦对其不分对象地滥用，往往出错。

（5）简化性称呼。在正式场合，有不少称呼不宜随意简化。例如，把"张局长""王处长"称为"张局""王处"，就显得既不正规，又不礼貌。

（6）无称呼。在需要称呼接待对象时，一定要有适当的称呼。若是根本不用任何称呼，或者代之以"喂""嘿""下一个""那边的"以及具体代码，都是极不礼貌的。

（7）距离不当的称呼。在接待活动中，若是与仅有一面之缘者称兄道弟，或者称其为"同学""战友""朋友""老板"等，都是与对方距离不当的表现，接待人员应当避免使用此种称呼。

二、自我介绍礼仪

（一）自我介绍的定义

在社交活动中，在欲结识某人却无人引见的情况下，即可自己充当自己的介绍人，将自己介绍给对方。这种自我介绍叫作主动型的自我介绍。

应其他人的要求，将自己的某些方面的具体情况进行一番自我介绍。这种自我介绍则叫被动型的自我介绍。

在实践中使用哪种自我介绍的方式，要看具体环境和条件而定。

（二）自我介绍的时机

在商务场合，如遇到下列情况，自我介绍就很有必要。
（1）与不相识者相处。
（2）不相识者对自己很有兴趣。
（3）他人请求自己做自我介绍。
（4）在聚会上与身边的陌生人共处。
（5）打算介入陌生人组成的交际圈。
（6）求助的对象对自己不甚了解，或一无所知。
（7）前往陌生单位，进行业务联系时。
（8）在旅途中与他人不期而遇而又有必要与人接触。
（9）初次登门拜访不相识的人。
（10）遇到秘书挡驾，或是请不相识者转告。
（11）初次利用大众传媒，如报纸、杂志、广播、电视、电影、标语、传单，向社会公众进行自我推介、自我宣传时。
（12）利用社交媒介，如信函、电话、电报、传真、电子信函，与其他不相识者进行联络时。

（三）自我介绍的方式

根据不同场合、环境的需要，自我介绍的方式有以下几种。

1. 应酬式的自我介绍

这种自我介绍的方式最简洁，往往只包括姓名一项即可。如"您好！我叫迈克。"它适合于一些公共场合和一般性的社交场合，如途中邂逅、宴会现场、舞会、通电话时。它的对象，主要是一般接触的交往人。

2. 工作式的自我介绍

工作式的自我介绍的内容，包括本人姓名、供职的单位以及部门、担任的职务或从事的具体工作等三项。

（1）姓名。应当一口报出，不可有姓无名，或有名无姓。
（2）单位。供职的单位及部门，如可能最好全部报出，具体工作部门有时可以暂不报出。
（3）职务。有职务最好报出职务，职务较低或者无职务，则可报出目前所从事的具体工作。举个例子，可以说："我叫唐果，是大秦广告公司的公关部经理。"

3. 交流式的自我介绍

也叫社交式自我介绍或沟通式自我介绍，是一种刻意寻求与交往对象进一步交流的沟通，希望对方认识自己、了解自己、与自己建立联系的自我介绍，适用于社交活动中。介绍的内容大体包括本人的姓名、工作、籍贯、学历、兴趣以及与交往对象的某些熟人的关系等。如："我的名字叫王光，是里润公司副总裁。10年前，我和您先生是大学同学。"

4. 礼仪式的自我介绍

这是一种表示对交往对象友好、敬意的自我介绍，适用于讲座、报告、演出、庆典、仪式等正规的场合。内容包括姓名、单位、职务等项。自我介绍时，还应多加入一些适当的谦辞、敬语,以示自己尊敬交往对象。如:"女士们、先生们,大家好!我叫宋玉,是精英文化公司的部门经理。值此之际,谨代表本公司热烈欢迎各位来宾莅临指导,谢谢大家的支持!"

5. 问答式的自我介绍

针对对方提出的问题,做出自己的回答。这种方式适用于应试、应聘和公务交往。在普通交际应酬场合,它也时有所见。举例来说,对方发问:"这位先生贵姓?"回答:"免贵姓张,弓长张。"

(四) 自我介绍的分寸

1. 讲究分寸

想要自我介绍恰到好处、不失分寸,就必须高度重视下述几个方面的问题。

(1) 进行自我介绍一定要力求简洁,尽可能地节省时间。通常以半分钟左右为佳,如无特殊情况最好不要长于1分钟。为了提高效率,在做自我介绍时,可利用名片、介绍信等资料加以辅助。

(2) 自我介绍应在适当的时间进行。进行自我介绍,最好选择在对方有兴趣、有空闲、情绪好、干扰少、有要求之时。如果对方兴趣不高、工作很忙、干扰较大、心情不好、没有要求、休息用餐或正忙于其他交际之时,则不太适合进行自我介绍。

2. 讲究态度

(1) 态度要保持自然、友善、亲切、随和,整体上讲求落落大方,笑容可掬。

(2) 充满信心和勇气。忌讳妄自菲薄、心怀怯意。要敢于正视对方的双眼,显得胸有成竹、从容不迫。

(3) 语气自然,语速正常,语言清晰。生硬冷漠的语气、过快过慢的语速,或者含糊不清的语音,都会严重影响自我介绍的形象。

3. 追求真实

进行自我介绍时所表达的各项内容,一定要实事求是,真实可信。过分谦虚,一味贬低自己去讨好别人,或者自吹自擂、夸大其词,都是不足取的。总的说来,当本人希望结识他人,或他人希望结识本人,或本人认为有必要令他人了解或认识本人的时候,自我介绍就会成为重要的交往方式。自我介绍常常会成为商务活动的组成部分,承担着拓展交际范围的重任,所以,有关自我介绍的商务礼仪必须烂熟于胸。

三、他人介绍礼仪

为他人做介绍,就是介绍不相识的人相互认识,或是把一个人引见给其他人。为他人做介绍时须注意以下几个方面的问题。

(一) 介绍的顺序

介绍时要坚持受到特别尊重的一方有了解对方的优先权的原则,即介绍有先后顺序。在社交活动中,为他人做介绍的先后顺序大体上有六种,即:其一,把男士介绍给女士,即把男士引见给女士而不是相反。这是"女士优先"精神的具体体现,也是最常见的一种方式。唯有在女士面对尊贵人物时,才允许有例外。其二,把晚辈介绍给长辈,即优先考虑被介绍人双方的年龄差异,通常适用于同性之间。其三,是将客人介绍给主人,它适用于来宾众多的场合,尤其是主人未必与客人个个相识的时候。其四,是把未婚者介绍给已婚者,它仅仅适用于对被介绍人知根知底的前提之下。要是拿不准,还是不要冒昧行事。其五,是把职位低者介绍给职位高者,它适用于比较正式的场合,特别适用于职业相同的人士之间。其六,是把个人介绍给团体,当新加入一个团体的人初次与该团体的其他成员见面时,负责人要是介绍他与众人一一相识太费时间,此刻往往会采取这种方式来避免麻烦。至于想认识每个成员的话,那么留待适当的时间相互作自我介绍好了。

以上几种方式,基本精神和共同特点是"尊者居后",即应把身份、地位较低的一方介绍给相对而言身份、地位较为尊贵的一方,以表示对尊者的敬重之意。在口头表达时,得体的做法是,先称呼受尊敬的一方,再将介绍者介绍出来。介绍的顺序已为国际所公认,颠倒和错乱顺序的后果是不会令人愉快的。

在社交场合,究竟应当采用哪种方式,应具体问题具体分析。比如,有时可能会遇到一些难于按常规处理的情况,如需要介绍两位地位不相上下的经理先生或是两位经理夫人相识。对前者,不能按照"把职位低者介绍给职位高者"的惯例行事,因为两位经理先生的职位高低难分伯仲。对后者,恐怕也不能按照"把晚辈介绍给长辈"的规矩去做,因为女士的年龄属于个人秘密,更何况没有一位女士愿意承认自己"显得老"。在这种职位难分高下、年龄大小不便明说的情况下,只有采取"先温后火",或"先亲后疏"的办法,才能"过关"。"先温后火"意即把脾气好的一方介绍给脾气欠佳的一方;先亲后疏,意即把与自己关系密切的一方介绍给自己较为生疏的一方。一般而言,脾气好的人、自己的熟人,总归好说话;而脾气欠佳的人、自己较为生疏的人,往往喜欢挑礼,是不好得罪的。

还有一些时候,需要把一个人介绍给其他众多的在场者。此刻最好按照一定的次序,如顺时针方向或逆时针方向,自右至左或自左至右,依次进行。若没有地位非常尊贵的人在场,就不该破例、挑三拣四地"跳跃式"进行。那样做的话,弄不好会得罪人的。

(二) 介绍人的职责

为他人做介绍的介绍人,在不同场合由不同的人来担任。在公务活动中,公关人员是最适当的介绍人人选。若是接待贵宾,则介绍人应是本单位职位最高的人士。而在社交场合,例如参加舞会、出席宴会时,介绍不相识的来宾相互认识,是主人义不容辞的责任。在另外一些非正式场合,与被介绍人双方都相识的人也可以担任介绍人,介绍自己的朋友们相识。此外,如果想认识一个人,可主动要求另外一个与双方都比较熟悉的人来担当引见人,根据礼节来讲,这是允许的。

介绍人为他人做介绍时,处于当事人之外,因此介绍前,必须充分考虑到被介绍人双方有无相识的必要或愿望,必要时,可询问被介绍人的意见,以防为他人做介绍时冷场。在为不同国籍人士做介绍时,宜先考虑两国之邦交。除此之外,作为介绍人要注意介绍时的陈述及介绍时的神态,这是介绍成功与否的主要因素。

1. 介绍人的陈述

介绍人的陈述,就是介绍人在为他人做介绍时应当说的话。介绍人陈述的时间宜短不宜长,内容宜简不宜繁。通常的做法是连姓带名加上尊称、敬语。较为正式的话,可以说:"尊敬的约翰·威尔逊先生,请允许我把杨华先生介绍给您。"比较随便一些的话,可以略去敬语与被介绍人的名字,如"张小姐,让我来给你介绍一下,这位是李先生"。或以手势辅助介绍,先指向一方,说"王先生",再指向另一方,说"刘先生"。只有对于儿童,才可以称其名,而略去其姓。

为他人做介绍时,要避免给任何一方厚此薄彼的感觉。不可以对一方介绍得面面俱到,而对另一方介绍得简略至极。也不可以对被介绍的一方冠以"这是我的好朋友",因为这似乎暗示另外一个人不是你的朋友,所以显得不友善,也不礼貌。要是介绍人能找出被介绍双方的某些共同点,会使初识的交谈更加顺利。必要时介绍人还可以说明被介绍者与自己的关系,便于新结识的人相互了解和信任。要是介绍人感到时间宽裕、气氛融洽,在为被介绍人做介绍时,除了介绍姓名、单位和所任职务外,还可以介绍双方的爱好、特长、个人学历、荣誉等,为双方提供交谈的机会。

2. 介绍时的神态

介绍时的神态,主要涉及介绍人在做介绍时的动作表情与被介绍人届时的所作所为两个方面。作为介绍人,在为他人做介绍时,态度要热情友好、认认真真,不要给人以敷衍了事或油腔滑调的感觉。做介绍时,介绍人应起立,行至被介绍人之间。在介绍一方时,应微笑着用自己的视线把另一方的注意力引导过来。手的正确姿态应是手指并拢,掌心向上,胳膊略向外伸,指向被介绍者。但绝对不要用手指对被介绍者指指点点。

作为被介绍者,在被介绍给他人时,应表现出想结识对方的诚意。一旦介绍人开始介绍,除贵宾与长者外,被介绍者一律应起立,并以正面面向对方,不能只看介绍人,还要目光柔和但又专心致志看着对方的眼睛。随着介绍人的介绍,向对方点头致意,或用一些感叹词来呼应他的介绍。待介绍完毕后,应热情和对方握手,并互问"你好"。如在"你好"之后再重复一遍对方的姓名或称谓,则不失为一种亲切而礼貌的反应。对于长者或有名望的人,重复对其带有敬意的称谓无疑会使对方感到很愉快,同时将对方名字重复一遍还可以加深记忆。至于讲话时的语气则要根据想表达感情的程度而定,可以用兴奋的口吻,也可以用不在意的腔调,即使不喜欢甚至厌恶某人,也不妨对他们彬彬有礼。但也不要对尊敬的人过于殷勤,如"久仰久仰""久闻大名,如雷贯耳,今日得见,幸甚幸甚"之类的客套话,最好还是免了。否则显得矫揉造作,缺少诚意。如果确实很高兴,可以说"很高兴认识你"。切记要注意自己的语气和腔调,它们往往比语句本身更能表明态度。

如果在会谈或宴会的进行中被介绍给他人时,可不必起立,但仍应当面对对方,微笑着点头,或欠身致意。

无论从哪个角度讲,自己在介绍时的所作所为都直接关系到留在他人心目中第一印象的好坏,因此必须慎重对待。

四、握手、鞠躬、递接名片

(一) 握手礼仪

1. 握手的次序

握手时应讲究先后的次序。先后次序的确定是根据握手人双方年龄、社会地位、身份、性别及其他条件来确定的。一般来说,握手的先后次序基本是:长者在先、上级在先、主人在先、女性在先;年轻人、下级客人、男性一般应先问候,待对方伸出手后,再伸出自己的手与之相握。当见到长者、上级首长、女士时不宜贸然伸手。

若一个人与很多人握手,最有礼貌的先后次序是:先长辈、后晚辈,先上级、后下级,先主人、后客人,先女士、后男士。

2. 握手的时间与力度

握手的时间通常掌握在两三秒至四五秒之间为宜。如果是故友重逢或与嘉宾相见时,握手时间可稍长,但也不能过长。握手的力度要适当,不宜用力过猛或毫无力度。一般说来,与女士握手时,时间应稍短,力度应稍轻。那种长时间地、用力过猛地握着女士的手不放,是十分失礼的行为。

3. 其他

在握手时,目光要注视对方并带有笑容,千万不能目光旁视或根本不看对方。因为这也是不尊重对方的表现。还有那种面部冷漠,或毫无表情,如同木偶一般,也是不足取的。

在一般情况下,不要戴手套与他人握手。如原先戴着手套,应尽快把手套摘下来,然后再与人握手。如果确有不便,要向人说明情况,请求对方原谅。如正在干活、手不干净时,应说明原委,取得他人谅解。不能用左手与别人握手。如与多人相握时,应分先后次序,不可交叉握手。

总之,握手礼虽然手势简单,却贯穿在商业活动整个过程中。其中各种握手方式,握手时应注意的问题及礼节等,又都反映出每一位企业从业人员应有的礼遇和态度,也表现出本人的礼貌修养。因此,上述种种是不宜忽视的。

(二)鞠躬礼仪

鞠躬礼是一种人们用来表示对别人的恭敬而普遍使用的致意礼节。

1. 行使鞠躬礼的场合

鞠躬礼既可以应用在庄严肃穆或喜庆欢乐的仪式中,也可以应用于一般的社交场合;既可应用于社会,也可应用于家庭。如下级向上级,学生向老师,晚辈向长辈行鞠躬礼表示敬意;上台演讲、演员谢幕等。另外,各大商业大厦和饭店宾馆也应用鞠躬礼向宾客表示欢迎和敬意。

2. 鞠躬礼的方式

一鞠躬礼适用于社交场合、演讲、谢幕等,行礼时身体上部向前倾斜约15度至20度,随即恢复原态,只做一次。三鞠躬礼,又称最敬礼,行礼时身体上部向前下弯约90度,然后恢复原样,如此连续三次。

3. 鞠躬礼的正确姿势

行礼者和受礼者互相注目,不得斜视和环视;行礼时不可戴帽,如需脱帽,脱帽所用之手应与行礼之边相反,即向左边的人行礼时应用右手脱帽,向右边的人行礼时应用左手脱帽;行礼在距受礼者两米左右进行;行礼时,以腰部为轴,头、肩、上身顺势向前倾约20度至90度,具体的前倾幅度还可视行礼者对受礼者的尊重程度而定;双手应在上身前倾时自然下垂放两侧,也可两手交叉相握放在体前,面带微笑,目光下垂,嘴里还可附带问候语,如"你好""早上好"等。施完礼后恢复立正姿势。

通常,受礼者应以与行礼者的上身前倾幅度大致相同的鞠躬还礼,但是,上级或长者还礼时,可以欠身点头或在欠身点头的同时伸出右手答之,不必以鞠躬还礼。

4. 鞠躬时应注意的问题

一般情况下,鞠躬要脱帽,戴帽子鞠躬是不礼貌的。鞠躬时,目光应该向下看,表示一种谦恭的态度。不可以一面鞠躬一面翻起眼看对方,这样做姿态既不雅观,也不礼貌。鞠躬礼毕起身时,双目还应该有礼貌地注视对方。如果视线转移到别处,即使行了鞠躬礼,也不会让人感到是诚心诚意。鞠躬时,嘴里不能吃东西或叼着香烟。

(三) 名片礼仪

1. 名片的放置

一般说来,应把自己的名片放于容易拿出的地方,不要将它与杂物混在一起,以免要用时手忙脚乱,甚至拿不出来。若穿西装,宜将名片置于左上方口袋;若有手提包,可放于包内伸手可得的部位。不要把名片放在皮夹内、工作证内,甚至裤袋内,这是一种很失礼的行为。另外,不要把别人的名片与自己的名片放在一起,否则,一旦慌乱中误将他人的名片当作自己的名片送给对方,这是非常糟糕的。

2. 出示名片的礼节

(1) 出示名片的顺序。名片的递送先后虽说没有太严格的礼仪讲究,但是,也是有一定的顺序的。一般是地位低的人先向地位高的人递名片,男性先向女性递名片。当对方不止一人时,应先将名片递给职务较高或年龄较大者;或者由近至远依次递送,切勿跳跃式地进行,以免对方误认为有厚此薄彼之意。

(2) 出示名片的礼节。向对方递送名片时,应面带微笑,稍欠身,注视对方,将名片正对着对方,用双手的拇指和食指分别持握名片上端的两角送给对方,如果是坐着的,应当起立或欠身递送,递送时可以说一些"我是××,这是我的名片,请笑纳""我的名片,请你收下""这是我的名片,请多关照"之类的客气话。在递名片时,切忌目光游移或漫不经心。出示名片还应把握好时机。当初次相识,自我介绍或别人为你介绍时可出示名片;当双方谈得较融洽,表示愿意建立联系时就应出示名片;当双方告辞时,可顺手取出自己的名片递给对方,以示愿结识对方并希望能再次相见,这样可加深对方对你的印象。

3. 接受名片的礼节

接受他人递过来的名片时,应尽快起身或欠身,面带微笑,用双手的拇指和食指接住名片的下方两角,态度也要毕恭毕敬,使对方感到你对名片很感兴趣,接到名片时要认真地看一下,可以说"谢谢""能得到您的名片,真是十分荣幸"等,然后郑重地放入自己的口袋、名片夹或其他稳妥的地方。切忌接过对方的名片一眼不看就随手放在一边,也不要在手中随意玩弄,不要随便拎在手上,不要拿在手中搓来搓去,否则会伤害对方的自尊,影响彼此的交往。

五、礼品馈赠

(一) 商务交往中礼品的特征

(1) 纪念性。不能以价值取胜,不能突破某个底线,否则有行贿之嫌。要能够起到睹物思人的作用。

（2）宣传性。银行、电信等企业称礼品为宣传品，借以宣传企业形象，推广企业。

（3）便携性。礼品应容易携带，方便客户。

（4）独特性。礼品应有特殊之处，要让人能在众多礼品中知道哪件礼品是你送的。礼品太大众化容易和别人的相混淆，礼品就没有价值。要独具匠心。

（5）时尚性。超前一点，不宜送落伍的礼品。

（6）习俗性。交往时的礼品馈赠要考虑风俗习惯，如江浙地带不宜送伞，因伞与散同音；夫妻之间不用刀剪，不分梨；不能给长辈送钟。

（二）选择礼品，赠送礼品的重要原则

对商务人员来讲，最重要的是5W1H原则。

1．送给谁（Who）

对商务人员来说，赠送礼品首先要明确受赠对象，然后才能根据受赠对象的特点选择合适的礼品。

2．送什么（What）

"六不送"，包括：

（1）违法犯禁之物不送；如果是一般关系的话，烟酒不送。这是教养问题。

（2）价格过于昂贵的不送。

（3）涉及国家秘密和国家安全的不送。

（4）药品、营养品不送，商务交往不讨论健康问题，送别人药品、营养品有影射别人身体不健康之意。

（5）触犯对方忌讳的不送。

（6）不送明显带有广告宣传的衣服。

3．什么时间送（When）

做客他方，最好在见面之初送上礼品，以示对对方的敬意。主人送上礼品应该在客人告别前夕，在饯行时送礼。举行正式宴会时，一般在告别宴会上交换礼品。

4．什么地点送（Where）

因公交往的，在办公地点送；因私交往的，在私人居所送。公私有别。

5．为什么送（Why）

赠送礼品，一定要明确赠送的目的是什么，想要达到什么样的效果。

6．如何送（How）

（1）赠送者身份的确定。如果我方接待重要的客人，或表示对客人的重视，应由我方职务最高者亲赠，至少也要代表最高者送。

（2）对礼品加以适当的说明。说明礼品的寓意，说出礼品的附加含义；介绍礼品的用途用法；说明礼品的特殊价值。

六、送花礼仪

鲜花礼品赠送是一门学问，送花也是一门艺术。鲜花礼品赠送要把握花艺的真谛，首先

要了解花语花意,才能使花卉展日月之精华,汇天地之灵逸,有自在自得之美。经过长期演化,人们赋予各种花卉一定的寓意,用以传递感情,抒发胸臆。

七、接待、拜访礼仪

1. 拜访礼仪

(1) 拜访前应先和被访对象约定,以免扑空或扰乱主人的计划。拜访时要准时赴约。拜访时间长短应根据拜访目的和主人意愿而定,一般而言,时间宜短不宜长。

(2) 到达被访人所在地时,一定要轻轻敲门,进屋后应待主人安排指点后坐下。后来的客人到达时,先到的客人应该站起来,等待介绍。

(3) 拜访时应彬彬有礼,注意一般交往细节。告辞时要同主人和其他客人一一告别,说"再见""谢谢";主人相送时,应说"请回""留步""再见"。

2. 接待礼仪

(1) 接待人员要品貌端正,举止大方,口齿清楚,具有一定的文化素养,受过专门的礼仪、形体、语言、服饰等方面的训练。

(2) 接待人员服饰要整洁、端庄、得体、高雅;女性应避免佩戴过于夸张或有碍工作的饰物,化妆应尽量淡雅。

(3) 如果来访者是预先约定好的重要客人,则应根据来访者的地位、身份等确定相应的接待规格和程序。在办公室接待一般的来访者,谈话时应注意少说多听,最好不要隔着办公桌与来人说话。对来访者反映的问题,应做简短的记录。

实训练习

一、案例分析

案例 1

某公司新建的办公楼需要添置一批办公家具,价值数百万元。公司的总经理决定向 A 公司采办这批办公家具。A 公司销售部负责人准备上门访问这位总经理。总经理打算等对方来了,就在订单上盖章,定下这笔生意。不料对方比预定的时间提前了两个小时就来了。这是因为 A 公司得知这家公司的员工宿舍也要在近期内落成,希望员工宿舍需要的家具也能向他们采办。为了谈这件事,销售部负责人还带来了一大堆的材料,摆满了台面。总经理没料到对方会提前到访,刚好手边又有事,便请秘书让对方等一会。这位负责人等了不到半小时,就开始不耐心了,一边整理起材料一边说:"我还是改天再来拜访吧。"之后,总经理发现对方在离开时,将自己的名片不慎丢在了地上,却并没发觉,走时还从名片上踩了过去。这个不慎的失误,令总经理改变了初衷,A公司不仅没有机会与对方商谈员工宿舍的设备采办,连几乎到手的数百万元办公家具的生意也告吹了。

思考题:

(1) 为什么A公司此次的生意会失败?

(2) 应如何进行得体的拜访?

(3) 谈生意时如何运用名片礼仪?

案例2

情景一:A男士和A女士两位白领在门口迎候来宾。

一辆小轿车驶到,B男士下车。A女士走上前,说道:"王总您好!"呈上自己的名片。又道:"王总,我叫李月,是某某集团公关部经理,专程前来迎接您。"B男道谢。A男上前:"王总好!您认识我吧?"B男点头。A男又道:"那我是谁?"B男尴尬不堪。

情景二:B女士陪外公司一女士(C女)进入本公司会客厅,本公司C男士正在恭候。

B女首先把C男士介绍给客人:"这是我们公司的陈总。"然后向自己人介绍客人:"这是某某公司的刘总。"

思考题:

(1) 请判断以上情景中人物做法的正误:

A男士(　　)A女士(　　)B男士(　　)B女士(　　)

(2) 做法不对的人错在哪?应怎样做?

案例3

一位女士,在伦敦留学,曾在一家公司打工。女老板对她很好,在很短的时间内便给她加了几次薪。一日,老板生病住院,这位女士打算去医院看望病人,于是她在花店买了一束红玫瑰花。在半路上,她突然觉得这束花的色彩有点儿单调而且看上去俗气,就又去买了十几枝黄玫瑰,并且与原来的玫瑰花插在一起,自己感到很满意,走进了病房。结果,她的老板见到她的时候,先是高兴,转而大怒。

思考题:

(1) 这位女士违反了什么礼仪?

(2) 她应该怎么做?

二、模拟训练

项目1　能得体地称呼对方,进行自我介绍和介绍他人

实训目标:掌握介绍的基本技巧。

实训学时:1学时。

实训地点:教室。

实训准备:提前练习并分组。

实训方法:分组模拟练习,老师指导。

项目2　熟练运用标准的握手、鞠躬、递接名片等礼仪

实训目标：掌握接待的基本操作规程。

实训学时：1学时。

实训地点：实训室。

实训准备：名片。

实训方法：分组模拟练习，老师指导。

课后练习题

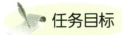

任务2　商务通信礼仪

　感　言

1. 礼节及礼貌是一封通向四方的推荐信。——西班牙女王伊丽莎白
2. 礼，经国家，定社稷，序民人，利后嗣。——《左传》

任务目标

1. 礼貌地使用电话进行沟通；
2. 礼貌地使用手机进行沟通；
3. 运用短信沟通符合礼仪要求；
4. 礼貌地使用网络沟通手段。

　案例导入

一位总经理在电话里与他的一位客户商谈一项买卖合同的制定，总经理使用的是扬声电话，并且礼貌地告诉对方自己用的是扬声电话，并且还有两位助手在旁边听着。不久，这位总经理在谈话中发现缺了一些资料，就说稍等一会给他打过去，对方同意了。这位总经理到销售经理那儿去拿资料，销售部的经理要求一起去商谈这件事情。之后，总经理又用扬声电话打给那位客户，告诉他自己没有找到要找的资料，说着就将话题绕到销售部，但是客户批评了销售的一些行为。此时，销售部的经理忍不住了，直接通过扬声电话来解释事情的来龙去脉。

思考：总经理的行为有哪些不妥之处吗？

基础知识

一、商务电话礼仪

商务电话礼仪不仅是个人在商务场合中综合素质的体现,更是对公司形象的重要体现。商务电话礼仪是在商务交往中与别人接打电话时应该遵循的礼仪规范。商务电话的使用是商务交流的一种手段,使用电话是向同事、宾客、领导等快速地传递信息,保持联络进而顺利地开展工作的一种最便捷的方式。商务电话交流中很容易地就能够感觉到通话者的个人素质和对待工作的态度,从而也能够感觉到企业精神状态。所以商务人员在接打电话的过程中必须掌握和遵循必要的商务电话礼仪。

商务电话礼仪的主要内容就是要求注重自我的电话形象。商务电话交流中的礼仪不仅是对对方的尊重,而且是对自身形象、企业美誉度的维护和宣传。

商务人员应该在不同商务场合,对待客人、同事各个方面都要注意,比如在通话态度、通话用语、通话方式、通话时间等方面都要认真看待。

(一)商务电话礼仪的作用

商务电话礼仪的作用主要有:
(1)它是公司形象的重要体现。
(2)可以建立同客户之间的友好关系。
(3)能够提高工作的效率,快速地解决问题。

(二)商务电话基本礼仪

1. 语调清晰

清晰而愉快的语调能够表现出说话人的职业和亲切的性格。即使对方无法看到面容,但心情的好坏、专业的程度都会通过语调表现出来。接打电话时的语调应该保持平稳,速度适中,吐字清楚。

2. 主次分明

在重要的商务场合、会见重要的客户、会议期间,首先应该做的是把手机调为振动,如果有人打电话过来,一般应说明缘由,表示歉意,并告知对方什么时间再联系;如果是重要客户,应该离开现场,找个安静的地方回电话。商务工作中的电话交流不能与朋友电话交流或者亲人电话交流一样,不能接电话的同时与周边的同事说话,更不要边听电话边看文件、电脑,甚至是嘴里咀嚼东西。

3. 礼貌待人

语言是人们思想、情操和文化修养的直接表现,在商务工作中,说话用词一定要做到礼貌待人。接打电话的时候不应说伤害对方的话;不应取笑、伤人自尊;该说的说,不该说的就不说。在接打电话的时候尽可能地使用敬语、谦语;通话结束的时候一定要道别。这都是必不可少的礼貌。

4. 语言文明

在商务工作中不管是与客户还是与领导同事之间的交流,为了不影响他人的正常工作,通话的双方都应该对自己的音量适当控制。通话时既不可大声嚷嚷、高声谈笑,也不可窃窃私语、鬼鬼祟祟,无端吸引他人注意。

5. 举止文雅

通话人的行为举止在通话的过程中也是很重要的,虽然通话双方是看不到的,但一个懒散的通话人,对方是很容易感觉到的。

通话中举止应该保持文雅,话筒轻拿轻放,不要用力摔挂电话;通话时避免过分的肢体夸张动作;不要抱着电话来回走动,以免影响其他工作人员。

6. 态度端正

态度是人在自身道德观和价值观基础上对事物的评价和行为倾向。从一个人对人对事的态度就能看出对工作的态度,所以在通话中应该保持一种端正认真的态度。

通话的时候不要冷冰冰、语言生硬,或大喊大叫,态度粗暴无礼。

7. 善解人意

在打电话时,应当善解人意,将心比心,对受话人多多体谅。不论彼此双方关系如何、熟识到哪种程度,对于这一点都不要疏忽大意。在把握通话时间时,尤须对此加以关注。

在通话开始后,除了自觉控制通话长度外,必要时还应注意受话人的反应。比如,可以在通话开始之时,先询问一下对方,现在通话是否方便。倘若不便,可约另外的时间,届时再把电话打过去。倘若通话时间较长,如超过3分钟,亦应先征求一下对方意见,并在结束时略表歉意。

在对方节假日、用餐、睡觉时,万不得已打电话影响了别人,不仅要讲清楚原因,而且万勿忘记说一声"对不起"。

(三)商务电话礼仪之客户电话礼仪

1. 接听客户电话礼仪

(1)接听电话前,要准备好笔和纸。如果没有准备好笔和纸,那么当对方需要留言时,就不得不要求对方稍等一下,让对方等待,这是很不礼貌的。所以,在接听电话前,要准备好纸和笔。要停止一切不必要的动作。不要让对方感觉到你在处理一些与电话无关的事情,这样会让对方觉得你在分心,这也是不礼貌的一种表现。要使用正确的姿势。如果姿势不正确,电话可能会不小心从你手中滑下来,或掉在地上,发出刺耳的声音,这样会让对方感到非常不满意。要带着微笑迅速接起电话。一个良好的心情,也能让对方在电话中受到感染。

(2)接听电话时,要注意以下事项:

第一,要在三声之内接起电话。

第二,主动问候,要先自报家门。

第三,如果想知道对方是谁,不要唐突问对方"你是谁",可以说"请问您哪位"或者可以礼貌地问:"对不起,怎么称呼您呢?"

第四,须搁置电话时或让对方等待时,应给予说明,并致歉。每过20秒要留意一下对方,并问对方是否愿意等下去。

第五,转接电话时要迅速。

第六，需要留言时，应做好详细的记录。

第七，感谢对方来电，并礼貌地结束电话。在电话结束时，应用积极的态度，同时要使用对方的名字来感谢对方。

第八，要经常称呼对方的名字，表示对对方的尊重。

同时，还要注意以下几个问题：

① 注意接听电话的语调，让对方感觉到你是非常乐意帮助他的，在你的声音当中能听出你是在微笑；

② 注意语调的速度；

③ 注意接听电话的措辞，绝对不能用任何不礼貌的语言方式来使对方感到不受欢迎；

④ 注意双方接听电话的环境；

⑤ 注意当电话线路发生故障时，必须向对方确认原因；

⑥ 注意打电话时对方的态度；

⑦ 当听到对方的谈话很长时，也必须有所反应，如使用"是的、好的"等来表示你在专心听对方讲话。

2. 给客户拨打电话礼仪

要拨打一个成功的电话，就必须要注意各方面的礼节，如时间、通话内容等方面的选择。

（1）通话时间选择。打电话应当选择适当的时间。按照惯例，通话的时间原则有二：一是双方预先约定电话通话时间，二是对方便利的时间。一般说来，若是利用电话谈公事，尽量在受话人上班 10 分钟以后或下班 10 分钟以前拨打，这时对方可以比较从容地应答，不会有匆忙之感。除有要事必须立即通告外，不要在他人休息时间之内打电话。例如，每日早晨 7 点之前，晚上 10 点之后以及午休时间等等。在用餐之时拨打电话，也不合适。

拨打公务电话，尽量要公事公办，不要有闲言碎语。也不能在他人的私人时间，尤其是节假日时间里，去麻烦对方。另外，要有意识地避开对方通话的高峰时段、业务繁忙时段、生理厌倦时段，这样通话效果会更好。

给国外通话，一定要注意时差问题，否则难免出洋相。

（2）通话长度安排。一般通话情况下，每一次通话的具体长度应有意识地加以控制，其基本原则是：以短为佳，宁短勿长。

在电话礼仪里，有一条"三分钟原则"。实际上，它就是"以短为佳，宁短勿长"原则的具体体现。它的主要意思是：在打电话时，发话人应当自觉地、有意识地将每次通话的长度，限定在 3 分钟之内，尽量不要超过这一限定。

在日常进行的社交活动中，但凡使用电话，就务必想方设法，把"三分钟原则"付诸实践。身为发话人，特别要牢记此点。

（3）通话内容准备。在通话时，要求发话人内容合理简练，不只是礼仪上的规范，而且也是通话长度的必要前提。根据礼仪规范，发话人要做到内容简练，就必须注意以下几个方面：

第一，事先准备。每次通话之前，发话人应该做好充分准备。最好的办法，是把受话人的姓名、电话号码、谈话要点等必不可少的内容列出一张"清单"，这样可以使通话变得有条理。

第二，简明扼要。在通话之时，发话人讲话必求务实，不求虚假客套。问候完毕，即开宗明义，直入主题，少讲空话，不说废话。绝不可啰唆不止、节外生枝、无话找话、短话长说。

（四）商务电话礼仪之通话方法禁忌

不同的场合就要注意不同的通话方法。通话过程中在注意对方的同时也应该注意周边，要做到对对方以礼相待的同时也要对周边的人以礼相待。

1. 不随处显摆

电话只是一种交通工具，所以不要在公共场合故意显摆，不要在会见客户的时候直接把手机放在桌子上，不要在商务场合中把手机一直拿在手里面。

2. 不制造噪音

在公共场所和办公室，最好把手机调到震动或者设置为无声，不应该让它的突如其来的噪音影响到其他人。

如果是给客户打手机，接通之后首先就要询问"现在方便接听电话吗？"。如果可以继续通话，这时候就要更加简洁地说出通话内容。如果打过去的时候，对方不接听，就不要一而再、再而三地打，或许客户这会儿正有事，不方便接听电话。况且，手机都可以显示来电，有必要对方会给你回复。

二、短信沟通礼仪

商务交往中发短信要注意的事项：

1. 发短信一定要署名

短信署名既是对对方的尊重，也是达到目的的必要手段。如，元旦前一天工作关系繁多的秦先生收到了70多条祝福短信。其中有60条是不署名的，好多内容还相同。秦先生也搞不清楚这些人都是谁和谁。这种祝福发了等于没发。如果是正事，不署名更会耽误事。

2. 短信祝福一来一往足矣

现在每逢节日，人们都会发短信祝福。来而不往非礼也，所以别人发来短信，自己就要回一个短信。接到对方短信回复后，一般就不要再发致谢之类的短信，因为对方一看，又得回过来。就祝福短信来说，一来一往足矣，二来二往就多了，三来三往就成了繁文缛节。

3. 有些重要电话可以先用短信预约

有时要给身份高或重要的人打电话，知道对方很忙，可以先发短信"有事找您，是否方便给您打电话？"如果对方没有回短信，一定不是很方便，可以在较久的时间以后再拨打电话。

4. 及时删除自己不希望别人看到的短信

一些人经常把手机放在桌上，如果出办公室办事或者去卫生间，也许有好奇之人就会顺手翻看短信。如果上面有一些并不希望别人看到的短信，就可能引起麻烦。如果不幸被对方传播出去，后果就更严重。夫妻之间亦是。难免会有异性同事、朋友发一些语言亲昵的短信，其实是因为双方熟了，开开玩笑，如果让爱人看见，就会引起不必要的误会，因此经不起推敲的短信一定要及时删除。

5. 上班时间不要没完没了地发短信

上班时间每个人都在忙着工作，即使不忙，也不能没完没了地发短信。否则就会打扰对方工作，甚至可能让对方违纪。如果对方正在主持会议或者正在商谈重要事项，闲聊天式的短信更会让对方心中不悦。

6. 发短信不能太晚

有些人觉得晚上 10 点以后不方便给对方打电话了,发个短信告知就行。但如果太晚,也一样会影响对方休息。

7. 提醒对方最好用短信

如果事先已经与对方约好参加某个会议或活动,为了怕对方忘记,最好事先再提醒一下。提醒时适宜用短信而不要直接打电话。打电话似乎有不信任对方之嫌。短信就显得非正式,亲切得多。短信提醒时语气应当委婉,不可生硬。

三、网络沟通礼仪

(一) 常记在心的一些原则

(1) 我们是在和人交流,即使是陌生人,现实生活中如何沟通,网络上也该如何。

(2) 尊重别人,尊重他人的隐私,不要随意公开私人邮件、聊天记录和视频等内容;尊重他人的知识,不要好为人师,不要自诩高人一等;尊重他人的劳动,不要剽窃,随意修改和张贴别人的劳动成果,除非他人主观愿意;尊重他人的时间,在沟通提问以前,先确定自己无法解决,且对方是能够正确解决的人。

(3) 自信,但是要注意谦虚,做好细节,不要刻意贬低自己,但是如果对某个方面不熟悉,也不要冒充专家。任何消息发送前,都要仔细检查语法和用词,不要故意挑衅和使用脏话。

(二) 关于电子邮件

(1) 主题应当精当,不要发送无主题和无意义的电子邮件。

(2) 注意称呼,避免冒昧。当与不熟悉的人通信时,请使用恰当的语气,适当的称呼和敬语。

(3) 注意邮件正文拼写和语法的正确,避免使用不规范的问题和表情符号。使用简单易懂的主题可以准确传达您的电子邮件的要点。

(4) 邮件丢失,应当小心查问,不要无理猜测并暗责对方。在自己做到及时回复邮件的同时,不要对他人回复信件的时效性做过分期许。

(5) 不要随意转发电子邮件,尤其是不要随意转发带附件的电子邮件,除非你认为此邮件对于别人的确有价值。在病毒泛滥的今天,除非附件是必需的,否则应该避免附件。在正文中应当包含附件的简要介绍,邮件要使用纯文本或易于阅读的字体,不要使用花哨的装饰。最好不用使用带广告的电子邮箱。

(6) 如果不是工作需要,尽量避免群发邮件。特别不要参与发连环信这种活动(把这条消息发送给 10 个好友之类)。群发邮件容易使得收件人的地址相互泄漏,因此最好使用邮件组或者暗送(Bcc)。两个人商量事情牵涉到第三方时,应该将邮件抄送(CC)给第三方。

(7) 在给不认识的人发送邮件时,请介绍一下自己的详细信息,或者在签名中注明自己的身份,没有人乐意和自己不明底细的人讨论问题。

(8) 如果对方公布了自己的工作邮件,那么工作上的联系请不要发送到对方的私人信箱里去,没有人乐意在和朋友们联系的信箱中看到工作上的问题。

（三）关于即时通信软件

（1）不要随便要求别人加你为好友，除非有正当理由。应当了解到，别人加不加你为好友是别人的权利。

（2）在别人状态为"Busy"的时候，不要打扰。否则要"Busy"这个功能有什么用呢？如果是正式的谈话，不要用"忙吗"，"打扰一下"等开始一段对话，而是把对话的重点压缩在一句话中。

（3）如果谈工作，尽量把要说的话压缩在10句以内。

（4）不要随意给别人发送链接或者不加说明的链接。随意发送链接是一种很粗鲁的行为，属于强制推送内容给对方，而且容易让别人的电脑感染上病毒。

知识链接

网络沟通与正面沟通的利弊

实训练习

一、案例分析

案例1

一位消费者新买的某品牌电脑出现了故障，但是她忘了该品牌的维修电话，于是从查号台问到该公司电话后打了过去。一位小姐接电话后，犹豫几秒钟后说道："我帮你找人来说，你稍等。"谁知这一等就是好几分钟，这位消费者能听到办公室嘈杂的声音，但就是没人再接电话，那位小姐好像也不知去向。她非常生气，从此对这个品牌印象大打折扣。

案例2

一位市民看到一种社会不良现象，她给有关部门打电话。刚说两句，对方就打断说："小姐，这事不归我们管，你找别的部门试试。""你还没听我说完，怎么就知道不归你们管？""我说的肯定没错，你再给其他部门打打试试。""你们这也不管，那也不管，都管些什么呀？"市民的热心受到了伤害，她一下子生气了。

案例3

一位先生要找A公司，但拿起电话却顺嘴说成了B公司。A公司的员工一听对方要找的是自己的竞争对手，马上说："你打错了。""啪"的一下就挂断了电话。这位先生回过神来，觉得心里很不舒服。他以前也跟接电话的这位员工联系过几次，没想到对方的温文尔雅都是装出来的，实际是这副"德性"，他再也不想和对方合作了。

案例4

一位女士在台下开会,会议冗长又没太多实质性内容。闲来无事,她给朋友发起了短信:"干吗呢?在忙什么呢?"朋友怕不回短信不礼貌,回答说:"正上班呢!""有什么好忙的?给你发个笑话放松放松!"这位女士开了三个小时会,发了两个半小时短信,她的朋友呢,桌上的手机不断地响起,不看又怕耽误事,看了又是一通闲聊,不回还不合适。这位朋友一下午就因为这"短信骚扰"什么也没干成。像这位女士一样喜欢狂发短信的人现在并不少。

思考题:请分析以上四个案例中的通话有哪些不足之处?

二、模拟训练

项目 礼貌地使用电话进行沟通

实训目标:掌握接打电话礼仪。

实训学时:2学时。

实训地点:教室。

实训准备:电话一台。

情景模拟1:根据案例内容,模拟办公室上班时的情景。

实训方法:学生2个人一组。教师将要模拟的4个情景做成抽签条,由抽签决定演示哪两个场景。每个学生都要演示一次秘书角色。每组演示时间不超过6分钟。

学生以秘书的身份模拟接电话的内容如下:

1. 通知部门经理开会的电话。
2. 对方要找王总经理,秘书告知王总经理不在的对话情景。
3. 对方打错了电话,秘书的应对。
4. 对方咨询本公司产品情况时,秘书需要查资料,要对方等候。

情景模拟2:根据案例内容,模拟秘书在特殊时间接电话的情景。

实训方法:教师将要模拟的4个情景做成抽签。学生每8个人一组,每组分为4个小组,由抽签决定演示哪一个情景。学生分别扮演秘书和客户的角色,要轮换扮演一次。演示时要真正从角色的角度考虑,所演示的任务的措辞要认真斟酌,既要符合礼仪,又要有所创新。每组演示时间不超过6分钟。

所接特殊电话如下:

1. 经理正在开会,有一位客户要找经理,当秘书告诉他经理正在开会后,他仍坚持要见经理。请演示秘书处理的情景。
2. 经理正在会见一位客人,有一位自称是经理朋友的人要经理接电话。请演示秘书的处理方式。
3. 有一位客户的电话,经理交代秘书不要转给他。请演示这位客户来电话时秘书的应对。
4. 有一位客户,所购产品出了一些问题,打电话来,火气很大。请演示秘书的应对。

实训提示:

情景1:

1. 接电话的礼节:铃响后接听要迅速,一般在第二遍铃响后就要接听;开头要用礼貌语,要微笑接听;注意接听姿势;接听中要有呼应;请对方等候要注意时间;要礼貌地请教对方姓名。

2. 打电话的礼节:开头要用礼貌语;通话中语音要适中;要说清内容,突出重点。

3. 结束通话时要用礼貌语,要轻放话筒。

情景2:

1. 特殊电话的应对,秘书要处理得灵活机动,周到全面,但一定要注意礼仪,决不可以因为眼前的客人而得罪另一位客人。

2. 经理正在开会时的来电,秘书一般都要挡驾,必要时可将有关内容写在纸条上传递给有关人员,既不能影响开会,又要及时传递信息。

3. 对无理者的电话,秘书一定要冷静处理,对方的语调越急、越快、越强,秘书的语调越要平稳、舒缓、轻柔。

4. 挡驾电话,措辞一定严谨,不能让对方感觉你在敷衍他。

课后练习题

任务3 商务宴请礼仪

 感 言

1. 在宴席上最让人开胃的就是主人的礼节。——莎士比亚
2. 礼者,人道之极也。——荀子

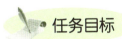 任务目标

1. 根据宴会的种类、形式的不同,选择合适的赴宴方式;
2. 熟悉宴请的程序和规范,熟练、得体地遵守中、西宴会礼节;
3. 根据中餐和西餐的特点与区别,有针对性地选择参加宴会的礼仪。

 案例导入

武汉市与日本某市缔结友好城市,在某饭店举行大型中餐宴会,邀请本市最著名的演员助兴。这位演员到达后,费了很长时间才找到自己的位置。当她入座后,发现同桌的许多客人,都是接送领导和客人的司机,演员感到自尊心受到伤害,没同任何人打招呼就悄悄离开了饭店。

思考:这位演员为什么悄悄离开了饭店?

基础知识

一、商务宴请座次礼仪

商务宴请座次礼仪是商务宴请中一个重要的组成部分,但与其他部分相比较,商务宴请中的座次礼仪又有着特别之处。商务宴请座次安排是中国传统文化的积淀,是随着人类社会的历史发展而逐渐形成、发展并且不断完善起来的,是历史沉淀的学问。商务宴请座次礼仪随着社会环境和商务需求而不断得以丰富和发展。

商务宴请座次礼仪主要是针对商务工作人员的,是商务工作人员在商务场合必须了解和掌握的礼仪。中国正式宴请均是在举办宴请之前,排定桌次和座次,或者是只排定主桌的座次,其他只是安排桌次。

商务宴请的座次分为:中式宴请座次和西式宴请座次。两种方式不一,但基本原则是相同的。

(一)中式宴请座次礼仪

商务宴请座次礼仪的原则是:以右为上座,以中央为上座,以内侧为上座,以近为高、远为低。

1. 主人上座

即主人面对餐厅正门。座次以主人的座位为中心,如果女主人参加时,则以主人和女主人为基准,近高远低,右上左下,依次排列,如图2-1和图2-2所示。

有多位主人时,双方可交叉排列,离主位越近地位越尊。举行多桌宴请时,每桌都有一位主桌主人的代表在座。

图2-1 主人上座,主宾客右座

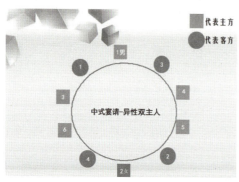

图2-2 主宾交叉座次

2. 以右为尊

席次的安排以右为尊,左为卑。故如男女主人并座,则男左女右,以右为大。如席设两桌,男女主人分开主持,则以右桌为大。宾客席次的安排亦然,即以男女主人右侧为大,左侧为小。

3. 外宾出席

欧美人士视宴会为社交最佳场合,席位采取分座之原则,即男女分座,排位时男女互为间隔。夫妇、父女、母子、兄妹等必须分开。如有外宾在座,则华人与外宾杂坐。

4. 各桌同向

各桌座次的尊次,根据距离该桌主人的远近而定,以近为上,以远为下。各桌距离该桌主人相同的座次,讲究以右为尊,即以该桌主人自身面向为准,右为尊,左为次。

5. 主宾上座

如果主宾的身份高于主人,为表示对主宾的尊重,可以把主宾安排在主人的位置上,主人则坐在主宾的位置,即右侧的座位,第二主人坐在主宾的左侧。

如果夫人跟随,其排名的秩序,与其丈夫相同。即在众多宾客中,男主宾排第一位,其夫人排第二位。

6. 一桌两个主位

每桌两个主位的排列是同一桌上分为第一主人和第二主人,第一主宾和第二主宾分别在他们右侧就座。

7. 职位高低座次

职位或地位高者为尊,高者坐上席,依职位高低,即官阶高低定位,不能逾越。职位或地位相同,则必须依官职传统习惯定位。

8. 女士主宾,丈夫随从

中国商务宴请座次礼仪按个人本身职务排列以便于谈话,如夫人出席,常常把女方排在一起,即主宾坐男主人右上方,其夫人坐女主人右上方(图2-3)。两桌以上的宴会,其他各桌的第一主人位置可以与主桌主人位置同向,也可以以面对主桌的位置为主位。

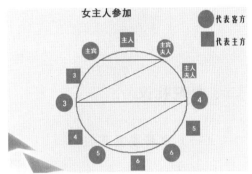

图 2-3 女主人参加交叉座次

(二)西式宴请座次礼仪

西餐商务宴请座次也是根据餐桌而安排的,西式宴会的餐桌习惯用长桌,或是根据人数多少、场地大小自行设置。西式宴会的席次一般根据宾客地位安排,女宾席次依据丈夫地位而定。也可以按类别分坐,如男女分坐、夫妇分坐、华洋分坐等。

如图2-4,西式宴会的席次排位也讲究右高左低,同一桌上席位高低以距离主人座位远近而定。如果男、女主人并肩坐于一桌,则男左女右,尊女性坐于右席;如果男、女主人各居一桌,则尊女主人坐于右桌;如果男主人或女主人居于中央之席,面门而坐,则其右方之桌为尊,右手旁的客人为尊;如果男、女主人一桌对坐,则女主之右为首席,男主人之右为次席,女主之左为第三席,男主人之左为第四席,其余位次依序而分。

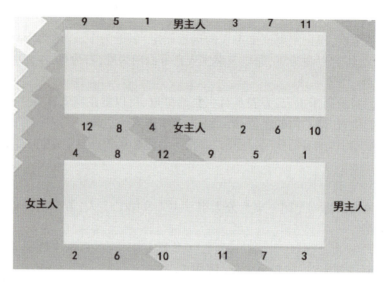

图 2-4 西式座次

二、中餐礼仪

（一）中餐餐具礼仪

1. 筷子

中餐用餐礼仪中，用筷子取菜时，需注意下面几个问题：

（1）要注意筷子是用来夹取食物的。用筷子挠痒、剔牙或用来夹取食物之外的东西都是失礼的。

（2）与人交谈时，要暂时放下筷子，不能一边说话，一边像指挥棒似地挥舞筷子。

（3）不论筷子上是否残留食物，千万不要去舔。因为用舔过的筷子去夹菜不礼貌。

（4）不要把筷子竖插放在食物的上面。因为在中国习俗中只在祭奠死者的时候才用这种插法。

2. 勺子

中餐里勺子的主要作用是舀取菜肴和食物。有时，在用筷子取食的时候，也可以使用勺子来辅助取食，但是尽量不要单独使用勺子去取菜。同时在用勺子取食物时，不要舀取过满，以免溢出弄脏餐桌或衣服。在舀取食物后，可在原处暂停片刻，等汤汁不会再往下流再移过来享用。

用餐间，暂时不用勺子时，应把勺子放在自己身前的碟子上，不要把勺子直接放在餐桌上，或让勺子在食物中"立正"。用勺子取完食物后，要立即食用或是把食物放在自己碟子里，不要再把食物倒回原处。若是取用的食物太烫，则不可用勺子舀来舀去，也不要用嘴对着勺子吹，应把食物先放到自己碗里等凉了再吃。还有注意不要把勺子塞到嘴里，或是反复舔食吮吸。

3. 碗

中餐的碗可以用来盛饭、盛汤，进餐时，可以手捧饭碗就餐。拿碗时，用左手的四个手指支撑碗的底部,拇指放在碗端。吃饭时,饭碗的高度大致和下巴保持一致。

如果汤是单独由带盖的汤盅盛放的,表示汤已经喝完的方法是将汤勺取出放在垫盘上,把盅盖反转平放在汤盅上。

4. 盘子

中餐的盘子有很多种,稍小点的盘子叫碟子,主要用于盛放食物,使用方式和碗大致相同。用餐时,盘子在餐桌上一般要求保持原位,且不要堆在一起。

需要重点介绍的是一种用途比较特殊的盘子——食碟。食碟在中餐里的主要作用,是用于暂放从公用的菜盘中取来享用的菜肴。使用食碟时,一般不要取放过多的菜肴在食碟里,那样看起来既繁乱不堪,又好像是饿鬼投胎,十分不雅。不吃的食物残渣、骨头、鱼刺不要吐在饭桌上,而应轻轻取放在食碟的前端,取放时不要直接从嘴吐到食碟上,而要使用筷子夹放到碟子前端。如食碟放满了,可示意让服务员换食碟。

5. 汤盅

汤盅是用来盛放汤类食物的。用餐时,使用汤盅需注意的一点是:将汤勺取出放在垫盘上并把盅盖反转平放在汤盅上就是表示汤已经喝完。

6. 水杯

中餐的水杯主要用于盛放清水、果汁、汽水等软饮料。注意不要用水杯来盛酒,也不要倒扣水杯。另外需注意喝进嘴里的东西不能再吐回水杯里,这样是十分不雅的。

7. 牙签

牙签也是中餐餐桌上的必备之物。它有两个作用,一是用于扎取食物;二是用于剔牙。但是用餐时尽量不要当众剔牙,非剔不行时,要用另一只手掩住口部,剔出来的食物,不要当众"观赏"或再次入口,更不要随手乱弹、随口乱吐。剔牙后,不要叼着牙签,更不要用其来扎取食物。

8. 餐巾

中餐用餐前,一般会为每位用餐者上一块湿毛巾。这块湿毛巾的作用是擦手,擦手后,应该把它放回盘子里,由服务员拿走。而宴会结束前,服务员会再上一块湿毛巾,和前者不同的是,这块湿毛巾是用于擦嘴的,不能用其擦脸或抹汗。

(二) 中餐礼仪规范

1. 中餐基本知识

(1) 与西餐吃法相比,吃中餐规矩不多。中餐一般使用圆桌进餐,大家围坐圆桌旁,自己用筷子夹菜吃。一般是十个人配十道正菜,目的是讲求圆满和十全十美。

(2) 中餐的餐桌上,每个席位前放有汤碗、筷碟和小瓷汤匙,桌中备有胡椒、酱油、醋等调料,菜夹到碟子里之后再吃。

(3) 中餐上菜的顺序,虽各地食俗不同,但大体上是按照冷盘→头菜(主题菜)→热炒→大菜→甜品(汤和点心同时上,甜汤配甜点)→水果→茶的顺序上席。当冷盘吃剩三分之一时,开始上第一道热菜,放在主宾面前。主菜上桌后,宴会才逐渐进入气氛。

2. 中餐的礼仪

吃中餐没有特别严格的规定,为保证进餐时的欢快气氛,要注意如下礼仪:

(1) 上桌后不要先拿筷,应等主人邀请、主宾动筷时再拿筷。

（2）筷子不要伸得太长，更不要在菜盘里翻找自己喜欢的菜肴，应先将转台上自己想吃的菜转到自己眼前，再从容取菜。

（3）已经咬过的菜不要放回盘子里，应将其吃完。

（4）冷盘菜、海味、虾、蒸鱼等需要蘸调料的食物可自由调味，但切记勿将咬过的食物再放进调料盘中调蘸。

（5）主人向客人介绍自家做的拿手菜或名厨做的菜，请大家趁热品尝时，不得争抢，应首先礼让邻座客人后，再伸筷取食。

（6）餐桌上不要有敲筷、咬筷等不雅动作。

（7）当其他客人还没吃完时，不要独自先离席。在宴会餐桌上，进餐速度快慢不要依个人习惯，而应适应宴会的节奏，等大家都吃完，主人起身，主宾离席时再致谢退席。

3. 接待外宾吃中餐注意事项

（1）外宾上桌后，应首先询问客人是否会用或者喜欢用筷子，是否需要另配刀叉进餐。总之，要尊重客人的饮食习惯。

（2）席上使用餐具，千万不要再用餐巾纸或餐巾去擦拭，这是许多中国人用餐前的习惯，但这会使外宾认为餐具不洁，没有经过消毒处理而影响进餐情绪。

（3）每上一道菜，应主动向客人介绍食品制作原料及食用方法，因为中餐菜肴经过加工以后，已看不见食品本身原料，而外宾对许多中国人喜欢吃的菜肴（动物内脏、海鲜中的海参等）是拒绝食用的。

（4）给客人介绍菜点时，应尽量介绍其特色，而不要笼统地说这是中国的名菜、名点，外国人对于"著名"的认识与中国人有一定偏差。

（5）招待外宾千万不要说"没有什么菜""招待不周"之类的客套话。这种中国式的谦虚会被他们误认为你对他们重视不够，而应当说"今天的菜肴是我夫人精心为你们准备的，希望你们吃得开心"。

三、西餐礼仪

今天的西餐对于我们中国来说早已不再陌生。与中餐相比，西餐礼仪烦琐复杂，掌握好西餐礼仪是个人文化品位的体现。下面就介绍一些西餐礼仪的基本知识。

1. 使用刀叉

（1）如在用餐时要放下刀叉，应将其放在盘子两边，刀与叉子头向内。

（2）如用完了餐（即使盘中仍有剩余食物），应把刀叉平行斜放入盘中，叉齿朝下。叉离自己近、刀离自己远。

（3）在将盘中食物推到叉上去时，应使用面包，而不要用刀去推。

（4）不要始终拿着刀，也不要刀朝上。要在切好食物后，便放下刀，让刀放在盘子平行的右侧，然后使用叉吃。

（5）在有许多刀叉排列在桌上时，使用规则也是每次使用最外侧的刀与叉。

（6）在使用刀时，应刀刃向下、食指按在刀脊上切割。

2. 选用酒杯

如果你面前放着四个杯子，不要随便拿起哪只就用，要知道其中的区分。

(1) 大杯用于盛水,人们不用它来干杯。因此,干杯时不能举这个大杯。
(2) 中杯用于盛红葡萄酒;小杯用于盛白葡萄酒;细长杯子用来盛香槟酒。

3. 食用面包

将面包放在自己左面小盘中。在食用面包时,是不用刀去切割面包的,而是用手撕下一块一块面包,然后再放入嘴中。因此,人们也不用嘴去直接咬面包,除非是三明治。

如果要将黄油涂上面包,应是用手一块块撕下面包,然后一小块一小块涂。不要一下子将整个面包涂满。当然在早餐时,可以在一长条半片棍子面包上涂上黄油、果酱。但在正餐中就不能这样了。

4. 饮酒、水、饮料时应注意事项

在饮用杯中物时,应先将口中咀嚼物咽下,然后将刀、叉在盘中放成八字形或交叉,再用餐巾纸将嘴唇擦拭干净。最后再喝酒、水等。

在喝酒、水等时,中国人习惯举杯仰头痛饮,一口喝光。而在西方这却恰恰是应避免的。在西方最文明的方式是头保持平直、一口口啜饮。喝到底时,杯中总还是留一点酒。

在喝饮料、汤、酒、水等时,不要用嘴唇吸出声音来,而应一口一口地轻轻喝。

在祝酒时,总是由主人或是地位、身份最高者倡议。

在握杯时,应一手抓满杯子,不要在擎杯时翘起小指或其他手指。

5. 其他一些注意事项

(1) 除了用手撕面包吃外,其他食物都用刀、叉、勺子来吃。
(2) 食用生菜不用刀去切割,只用叉的边缘去切割。
(3) 盘中最好不要留下剩余食品。当然也不用"涮"得很干净。
(4) 使用餐巾时,应将其平摊在膝盖上。用完餐后略一叠就留在桌旁好了。不能将其完全叠好,也不能将其揉成一团扔在桌上。
(5) 如要吐出嘴中硬核、鱼刺等,不要直接吐在手上,而要用叉接好后放在盘子边缘。
(6) 吃东西时,用叉将食物取起放入口中,而不要低头用嘴去接近食物。
(7) 在西餐桌上很少用牙签,因此最好不用。
(8) 万一打翻酒杯等,不用大惊小怪,只说一声道歉便可。到用餐结束后再道歉一声更好。

  知识链接

商务宴请形式

宴请的组织工作

一、案例分析

案例1

　　李云在一家著名跨国公司的北京总部做总经理秘书工作,中午要随总经理和市场总监参加一个工作午餐会,主要是研究未来一年市场推广工作的计划。这不是一个很正式的会议,主要是利用午餐时间彼此沟通一下。李云知道晚上公司要正式宴请国内最大的客户张总裁等一行人,答谢他们一年来给予的支持,她已经提前安排好了酒店和菜单。午餐是自助餐的形式,与总经理一起吃饭。李云可不想失分,在取食物时,她选择了一些都是一口能吃下去的食物,放弃了她平时喜爱的大虾等需要用手帮忙才能吃掉的美食。她知道自己可能随时要记录老板的指示,没有时间去补妆,而总经理是法国人,又十分讲究。

　　下午回到办公室,李云再次落实了酒店的宴会厅和菜单,为晚上的正式宴请做准备。算了算宾主双方共有8位,李云安排了桌卡,因为是熟人,又只有几个客人,所以没有送请柬,可是她还是不放心,就又拿起了电话,找到对方公关部李经理,详细说明了晚宴的地点和时间,又认真地询问了他们老总的饮食习惯。李经理告诉说他们的老总是山西人,不太喜欢海鲜,非常爱吃面食。李云听后,又给酒店打电话,重新调整了晚宴的菜单。

　　李云还是决定提前半个小时到酒店,看看晚宴安排的情况并在现场做点准备工作。到了酒店李云找到领班经理,再次讲了重点事项,又和他共同检查了宴会的准备。宴会厅分内、外两间,外边是会客室,是主人接待客人小坐的地方,已经准备好了鲜花和茶点,里边是宴会的房间,中餐式宴会的圆桌上已经摆放好各种餐具。

　　李云知道对着门口桌子上方的位子是主人位,但为了慎重从事,还是征求了领班经理的意见。从带来的桌卡中先挑出写着自己老板名字的桌卡放在主人位上。再将对方老总的桌卡放在主人位子的右边。想到客户公司的第二把手也很重要,就将他放在主人位子的左边。李云又将自己的顶头上司市场总监的桌卡放在桌子的下首正位上,再将客户公司的两位业务主管,分放在他的左右两边。为了便于沟通,李云就将自己的位子与公关部李经理放在了同一方向的位置。

　　应该说晚宴的一切准备工作就绪了。李云看了看时间还差一刻钟,就来酒店的大堂内等候。提前10分钟看到了总经理一行到了酒店门口,李云就在送他们到宴会厅时简单地汇报了安排。李云随即又返身回到了酒店大堂,等待着张总裁一行人的到来。几乎分秒不差,她迎接的客人准时到达。

　　晚宴按李云精心安排的情况顺利进行着,宾主双方笑逐颜开,客户不断夸奖菜的味道不错,正合他们的胃口。这时领班经理带领服务员像表演节目一样端上了山西刀削面。客人看到后立即哈哈大笑起来,高兴地说道:"你们的工作做得真细致。"李云的总经理也很高兴地说,这是李云的功劳。

　　看到宾主满意,李云心里暗自总结着经验,下午根据客人的口味调整菜单,去掉了鲍鱼等名贵菜,不仅省钱,还获得了客人的好感。

思考题:

(1)自助餐会有哪些需要注意的问题?

(2)正式宴请需要注意哪些细节?

提示一:自助午餐会:尽量不要取麻烦的食物。

自助餐礼仪:自助餐酒会有它自己的特点,它不像中餐或者西餐的宴会分宾主席,而是直接就开始用餐,通常自助餐不牵扯到座次的安排,大家可以在这个区域中来回地走动。在和他人进行交谈的时候,应该注意尽量停止口中咀嚼食物,也不要在谈商务的时候吃一些很费力的食物,另外注意尽量避免浪费。

提示二:正式宴请:要提前沟通安排。

宴请的组织工作头绪很多。首先要做好准备工作,在明确宴请的目的、对象、时间和地点以后,应该与宴请的举办场所进行确认。同时根据客人的具体喜好和宴请的预算合理确定菜单。在宴请前进行周密的现场布置,特别是要按照双方的人数、身份等安排好席位,排放桌卡以示重视。然后在宴请时要做好引导和介绍工作,照顾主客的需要。

案例2

C城市接待了一位外商。这位外商是美国人,他来这座城市是进行投资考察的。考察进行得比较顺利,双方达成了初步的合作意向。这天接待方设宴款待这位外商,宴会的菜肴很丰盛,主客双方交谈得比较愉快。这时席间上来了一道特色菜,为表示我方的热情,一位接待方领导便为这位外商夹了一筷子菜放到他的碟子里。这位外商当即露出不悦神色,也不再继续用餐,双方都很尴尬。

思考题:

(1)这位外商为什么露出不悦神色?

(2)接待方应该怎样表示热情之意?

二、模拟训练

项目 中西餐用餐礼仪

实训目标:掌握中西餐用餐礼仪。

实训学时:2学时。

实训地点:形体训练室。

实训准备:着统一制服,台桌,中西餐餐具。

实训方法:学生模拟训练,老师指导。

课后练习题

项目三

商务沟通礼仪

任务 1　商务交谈礼仪

 感　言

1. 与人交谈一次，往往比多年闭门劳作更能启发心智。思想必定是在与人交往中产生，而在孤独中进行加工和表达。——列夫·托尔斯泰
2. 将自己的热忱与经验融入谈话中，是打动人的速简方法，也是必然要件。如果你对自己的话不感兴趣，怎能期望他人感动。——戴尔·卡内基
3. 如果你要使别人喜欢你，如果你想他人对你产生兴趣，你要注意的一点是：谈论别人感兴趣的事情。——戴尔·卡耐基

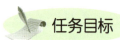

1. 了解交谈的含义与意义；
2. 掌握交谈时应掌握的礼仪；
3. 学会用肢体语言来表情达意；
4. 能根据交谈对象的肢体语言来判断对方的心理；
5. 明白交谈中应控制好合适的语速、语调和音量；
6. 记住受人欢迎的三大法则，并会灵活运用；
7. 学会在交谈中倾听、在交谈中观察、在交谈中表达；
8. 能根据不同的时间地点、不同的交往对象，选择合适的交谈话题；
9. 培养与人为善的沟通心态；
10. 培养礼貌待人、真诚待人的交谈习惯。

 案例导入

小王进入新单位以后，一直非常苦恼，看着别人和朋友、同事之间说笑嬉戏，很是羡慕，他不明白为什么别人都好像躲着自己，也不喜欢和自己多说几句话。有一天，负责指导小王工作的李师傅把小王叫进办公室，对小王说了一番话，语重心长地指出了小王在与别人交谈方面存在的问题，使小王豁然开朗。

原来，小王喜欢和别人开玩笑，对还不是很熟悉的同事，也经常口无遮拦。有一次公司开会时见了同事小赵，他第一句话就问："哥们儿，最近又交往什么女孩了吧？还是原来那个女朋友吗？"弄的小赵的脸当时就变了颜色。还有一次，小王在街上遇到一个几年未见的大学女老师正在和她的几个朋友说话，小王热情地上去，对老师说："您是韩老师吧？您不记得我了？"韩老师一时想不起来，很是尴尬，小王笑哈哈地说："老师真是贵人多忘事啊！都不记得我这个学生了，真是让人伤心啊！"本以为开玩笑的话能让老师喜欢，没想到老师表情很尴尬，和自己寒暄几句后就匆匆离去了。

思考：小王在交谈礼仪方面存在哪些问题？他为什么得不到朋友的喜欢？

 基础知识

交谈是人们日常交往中一种相互沟通信息、交流情感的双边或多边活动，是人际交往最基本的形式。社交活动离不开交谈，成功的商务活动往往依赖于成功的交谈。美国著名语言心理学家多罗西·萨尔诺夫曾说："说话艺术最重要的应用，就是与人交谈。"从广泛意义上来讲，交谈是人们交流思想、沟通感情、建立联系、消除隔阂、协调关系、促进合作的一种重要渠道。

商务人员在交谈时的具体表现，反映其工作能力、学术水平、个人魅力以及待人接物的态度。因此，交谈是商务人员个人素质的有机组成部分。

所谓商务交谈礼仪，就是指商务人员在商务场合与人交谈时应当遵循的各种规范和惯例。成功的交谈必须懂得交谈的礼仪，掌握交谈的艺术。

一、商务交谈中的基本礼仪

（一）必要的寒暄

"万事开头难"。交谈一般从问候与寒暄开始，必要的寒暄不仅是一种不可少的客套，而且可以拉近双方的心理距离，创造和谐融洽的气氛，为后面的深入交谈奠定情感上的基础。朱镕基同志说得好："我们中华民族是一个好客的民族，我认为，会见客人的时候，必要的寒暄和客套话是起码的礼貌，也是有情有义的表现。"

1971年9月，基辛格为尼克松总统访华而前来谈判。当时中美关系冷冻了二十几年，刚开始有些微妙变化。美国代表时时猜测着周总理会以什么样的态度对待他们，当周总理出

现在代表面前时,美国人都不免有些紧张。周总理会意地微笑了,伸手与基辛格握手,并友好地说:"这是中美两国高级官员二十几年来第一次握手。"

基辛格一一将自己的随员介绍给总理。

"约翰·霍尔德里奇。"基辛格指着位大高个说。周总理握着霍尔德里奇的手,说道:"我知道,你会讲北京话,还会讲广东话。广东话我都讲不好,你在香港学的吧?"

基辛格介绍斯迈泽:"理查德·斯迈泽。"

周总理握着斯迈泽的手,说:"我读过你在《外交季刊》上发表的关于日本的论文,希望你也写一篇关于中国的。"

洛德没等周恩来开口就自报姓名:"温斯顿·洛德。"

周恩来握着洛德的手摇晃:"小伙子,好年轻。我们该是半个亲戚。我知道你的妻子是中国人,在写小说。我愿意读到她的书,欢迎她回来访问。"(参看陈敦德《毛泽东、尼克松在1972年》)

点评:周恩来看似不经意的几句寒暄一下子就缓和了紧张的气氛,拉近了双方的距离,为后面的谈判奠定了良好的基础。

(二)真诚的态度

商务人员在交谈时所表现的态度,往往是其内心世界的真实反映。交谈的态度是否真诚是交流能否成功的前提。在交谈中只有诚恳地以心换心,坦诚相见,才能唤起相互之间的信任感与亲切感,增进双方的了解与友谊。具体而言,商务人员在交谈时应当体现出以诚相待、以礼相待、谦虚谨慎、主动热情的基本态度;相反,装腔作势、夸夸其谈、言不由衷、敷衍了事、油腔滑调的人不仅不能与他人进行有效的沟通,而且易于引起他人的反感。具体地说,商务人员在进行交谈时应做到如下几点:

(1)注意倾听。倾听是与交谈过程相伴而行的一个重要环节,也是交谈顺利进行的必要条件。商务人员在交谈时务必要认真聆听对方的发言,用表情举止予以配合,从而表达自己的敬意,并为积极融入交谈中去做最充分的准备。切不可在他人发言时东张西望、心不在焉,甚至做小动作,更不可以随意打断对方的发言。具体地说,倾听一要目视对方以示专注;二要身体前倾以示认真,也便于观察对方的表情心态,洞察对方的心境;三是用如"你说得对""原来如此""哦""啊"等积极回应;四是善于捕捉信息,细心分析。

(2)谨慎插话。交谈中不应当随便打断别人的讲话,要尽量让对方把话说完再发表自己的看法。这是对交往对象尊重的体现,也是商务人员良好素养的表现。如确实想要插话,应向对方打招呼:"对不起,我插一句行吗?"但所插之言不可冗长,一两句点到即可。

(3)礼貌进退。参加别人谈话之前应先打招呼,征得对方同意后方可加入。相应地,他人想加入己方交谈,则应以握手、点头或微笑表示欢迎。如果别人在个别谈话,不要凑上去旁听。若确实有事需与其中某人说话,也应等到别人说完后再提出要求。谈话中若遇有急事需要处理,应向对方打招呼并表示歉意。值得注意的是,男士一般不宜参与妇女圈子的交谈。

(4)注意交流。交谈是一个双向或多向的交流过程,需要各方的积极参与。因此在交谈时切勿造成"一言堂"的局面。自己发言时要给其他人发表意见的机会,别人说话时自己要适时发表个人看法,互动式促进交谈进行。

某休闲场所,两女士聊天。

甲女:昨天天津下雨了,很大。

一男士:真的?

两女士不理男士。

该男士又道:我怎么不知道?

乙女:唐山昨天也下雨了。

男士又道:石家庄也下大雨了。

思考:该男士在与人谈话时为什么不受人欢迎?该男士在交谈中哪些言行不符合礼仪?

(三)亲切的表情

表情,通常是指一个人面部神态、气色的变化和状态。人们在交谈时所呈现出来的种种表情,往往是个人心态、动机的无声反映。人的喜怒哀乐可通过表情来体现。心理学家总结出一个公式:人的感情表达=7%的语音+38%的语言+55%的表情。表情主要由目光和面部神态来体现。

(1)交谈时目光应专注、柔和、稳重。眼睛是心灵的窗户。交谈时眼神能表达出丰富的内容,增强讲话的效果,人们往往通过目光去判断一个人的性情、志向、心地、态度。交谈中,恳切、坦然、友好、坚定、宽容的眼神,会给人亲近、信任、受尊敬的感觉,而轻佻、游离、茫然、阴沉、轻蔑的眼神会使人感到失望,有不受重视的感觉。因此,交谈中目光应散点柔视,专注热情。如果是多人交谈,就应该不时地用目光与众人交流,以表示交谈是大家的,彼此是平等的。

(2)充分利用表情来表达对交往对象的尊重及对谈话内容的兴趣。商务人员在交谈时可适当运用眉毛、嘴、眼睛在形态上的变化,或微笑、或皱眉、或睁大眼睛等来表达自己对对方所谈内容的赞同、理解、惊讶、迷惑,从而表明自己的专注之情,并促使对方强调重点、解释疑惑,使交谈顺利进行。

(3)表情应与说话的内容相配合。商务谈判时表情应严肃认真,日常交流时的表情应亲切温和,问候他人时应热情洋溢,谈及不幸时应遗憾痛惜。面露倦容、哈欠连天、目光游离甚至目光斜视是对谈判内容不感兴趣,对交往对象不尊重的体现,也是让交往对象生厌的表情。

(四)优雅的举止

人们在交谈时往往会伴随着做出一些有意无意的动作举止,如点头、微笑、手势、晃腿、皱眉等,我们称为肢体语言。谈话者往往通过身体动作来表达自己的意见、关注力、心理甚至性格。这些肢体语言通常是自身对谈话内容和谈话对象的真实态度的反应。据有关资料介绍,人在神情专注和感情兴奋时,双足会缓缓晃动,或停止不动;而陷入沉思时,脚尖则会摆动频繁;坐下时习惯双腿架起来的人,往往较傲慢和得意,这样做是为了显示自己的地位和优势;那些架腿而又喜欢晃动脚尖的人,往往性格轻浮,目空一切,狂妄自大;那些坐立不安、频频移动双脚停放地点的人,往往内心世界十分焦虑、烦躁和不安。因此,商务人员一方面要通过规范的肢体语言帮助自己表情达意;另一方面也可以借助观察对方的肢体语言来判断对方的心理。具体要求是:

（1）举止要规范。交谈过程中交谈者的举止一定要规范，如夸奖别人时应跷起拇指，拇指指尖向上，并将拇指指腹面对对方。若拇指尖向下，指腹对着别人就成了"蔑视"或"打击"。再如倾听者可以用点头、微笑来反馈"我正在注意听""我很感兴趣"等信息，若摇头晃脑则表示心不在焉。

（2）手势要少用。不加节制地、无意识地滥用手势，手舞足蹈，张牙舞爪，指手画脚，会使人反感，或是给人留下装腔作势、没有涵养的印象。另外，由于同一手势在不同的国家和地区具有不同的含义，如若手势运用不当，可能会给对方造成误会，所以手势要少用。

（3）避免不雅举止。与人交谈时动作不可过大，不要手舞足蹈、拉拉扯扯、拍拍打打。为表达敬人之意，切勿在谈话时左顾右盼，或是双手置于脑后，或是高架"二郎腿"，甚至挖耳鼻、剔牙、挖眼屎、修指甲等。交谈时应尽量避免打哈欠，如果实在忍不住，也应侧头掩口，并向他人致歉。尤其应当注意的是，不要在交谈时以手指指人，因为这种动作有轻蔑之意。

（五）得体的语言

语言是交谈的载体，交谈过程就是语言的运用过程。语言运用是否准确得体，直接影响交谈能否顺利进行。因此，商务人员在交谈中尤其要注意语言的使用。

1. 使用文明礼貌的语言

日常交谈虽不像正式发言那样严肃郑重，但也不能不讲用语的文明礼貌。

（1）善于使用一些约定俗成的礼貌用语，如"您""谢谢""对不起""请"等。尤其应当注意的是，在交谈结束时，应当与对话方礼貌道别，如"有空再聊！""谢谢您，再见！"等。即使在交谈中有过争执，也应不失风度，礼貌道别，千万不可来上一句"说不到一块儿就算了""我就是认为我对"等。

（2）善于使用文雅的语句表达不够文雅的事情。不宜明言的一些事情可以用委婉的词句来表达。例如想要上厕所时，宜说："对不起，我去一下洗手间。"或说："不好意思，我去打个电话。"

（3）善于运用得体谦逊的语言。商务交谈时，务必要谦虚大度，文雅用语，礼貌交谈。不可以用尖酸刻薄的话对他人冷嘲热讽，也不可夜郎自大、目中无人，处处教训指正别人。

2. 使用简洁明确的语言

商务人员在交谈时所使用的语言应当力求简单明了，言简意赅地表达自己的观点和看法。这样不仅能提高工作效率，而且还可以体现自己的精明强干。交谈时最关键的就是要让他人准确无误地听懂自己的发言。因此，商务人员交谈时务必要使用明确的语言。这里的"明确"，应当包含三层意思：

（1）发音标准，吐字清晰。交谈的起码要求是让听者听得清、听得懂，因此交谈中忌用方言、土语，而应规范使用普通话。

（2）内容明确，含义单一。交谈使用的语言不可模棱两可，产生歧义，以免产生不必要的误会。例如，"咱们单位老张是长寿冠军，您排第二。可上周老张不幸去世了，所以这回该是您了！"这句话原意是说对方取代老张成为长寿冠军了，可乍一听却以为是在说对方也要步老张后尘赴黄泉路了。再比如，在餐桌上问："王总，你还要饭吗？"本来是询问王总是否要添饭，可乍一听好像是说王总原来是以乞讨为生的。可见语言明确是十分必要的。

（3）语速适中，语调和缓，音量适当。在交谈中语速、语调和音量对意思的表达有比较大的影响。交谈中陈述意见要尽量做到平稳中速。如果说话太快,对方往往难以抓住你说话的主要意思,有时还会给对方形成敷衍了事、完成任务的印象。如果说话太慢,节奏不当,吞吞吐吐,欲言又止,又容易被对方认为不可信任。在特定的场合下,可以通过改变语速来引起对方的注意,加强表达的效果。在交谈中,不同的语调可以使同一句话表达出不同的含义;声音的大小则反映说话人的心理活动、感情色彩、某种情绪或某种暗含的意思。通常的经验是,一般问题的阐述应使用正常的音量,保持能让对方清晰听见而不引起反感的高低适中的音量。切忌出现音调、音量失控,否则将会损害自己的礼仪形象。

(六)恰当的话题

商务交往中,人与人进行交谈时,首先遇到的问题就是谈话的内容。交谈的内容是关系到交谈成败的决定性因素。商务人员所选择的交谈内容,往往被视为个人品位、志趣、教养和阅历的集中体现。

1. 话题选择的宜与忌

(1) 宜选择的话题。

① 轻松愉快的话题。在商务交谈中,要有意识地选择那些能给交谈对象带来开心与欢乐的轻松的话题,如电影、电视、旅游、休闲、烹饪、小吃。这些话题很轻松,很容易与对方产生共鸣。除非必要,切勿选择那些让对方感到沉闷、压抑、悲哀、难过的内容。

② 双方擅长的话题。交谈的内容应当是自己或者对方所熟知甚至擅长的内容。选择自己所擅长的内容,就会在交谈中驾轻就熟,得心应手,并令对方感到自己谈吐不俗,对自己刮目相看。选择对方所擅长的内容,则既可以给对方发挥长处的机会,调动其交谈的积极性,也可以借机向对方表达自己的谦恭之意,并可取人之长,补己之短。应当注意的是,无论是选择自己擅长的内容,还是选择对方擅长的话题,都不应当涉及另一方一无所知的内容,否则会使对方感到尴尬难堪,或者令自己贻笑大方。

③ 格调高雅的话题。作为一个现代人,一个有着一定的文化底蕴和积淀的商务人员,在交谈中应体现自己的风格、教养和品位,自觉地选择高尚、文明、优雅的内容,所以可以选择哲学、文学、历史、地理、艺术、风土、人情、传统、典故,以及政策国情、社会发展之类有深度、有广度的话题。但选择此类话题要注意对方的反应,若对方不感兴趣,必须立即转换话题,否则不仅会出现"曲高和寡"的场面,还会给对方留下"故意卖弄"的印象。

④ 拟谈的话题。拟谈的话题是指双方约定要谈论的话题,或者应和对方谈论的话题。例如,双方谈论一个项目的合作问题、一种商品的买卖等。

⑤ 时尚流行的话题。可以针对对方的兴趣对时尚话题进行选择,如最近举行的球赛、某某明星的演唱会,正在热播的电视节目、电视剧等。

(2) 忌选择的话题。

① 涉及个人隐私的话题。尊重他人隐私是国际交往惯例。所谓隐私是指不愿意为人所知或不愿意公开的,与公共利益无关的个人私生活秘密,它包括私人信息、个人私事、私人空间等。比如个人的履历,尤其是不光彩的经历、学历、工资收入、家庭财产、衣饰价格、女士的年龄、婚姻等。像此类话题一般不要提及,更不能打破砂锅问到底。与妇女谈话不说对方长得胖、身体壮、保养得好之类的话。对方不愿回答的问题不要追问,对方反感的问题应表示歉意或立即转移话题。由于中外生活习惯的差异,许多国内司空见惯的话题往往是触犯

外国朋友禁忌的敏感内容。比如朋友见面会询问"你吃饭了吗?""你去哪儿啊?"这在国内只是普通的问候;而在外国朋友看来,你不请我吃饭干吗要问我吃饭了没有?去哪儿是我的个人隐私,你不应该干涉。因此,商务人员在与外国朋友打交道时,尤其要注意回避对方忌讳的话题。过分地关心他人的行动去向,了解他人年龄、婚姻、收入状况,询问他人身高、体重等,都可能被外国朋友视为对其个人自由的粗暴干涉,是交谈所不宜涉及的。

　　记者:解放40多年来,我国的高等学府培养了许多人才。请问你毕业于哪所大学?
　　科学家:对不起,我没有上过大学,我搞科研全靠自学。我认为自学也能成才。
　　记者:(一愣)听说你又成功地完成了一个科研项目。请问你的新课题是什么?
　　科学家:事实上我一直致力于这个项目的科学研究,只是目前又有了一些新的突破,但远远没有成功,所以谈不上什么新课题。
　　记者:(企图改变话题,以缓和气氛)你的孩子在哪儿学习?
　　科学家:我早已决定把毕生的精力贡献给自己的事业,因此我一直独身至今。根本没有孩子。
　　记者:?
　　科学家:请原谅,还有许多工作等着我去做,恕不奉陪。
　　思考:记者与科学家的谈话是否适当?如果有问题,主要问题出在哪儿?它对我们的商务交谈有什么启发?

　　② 格调不高雅的话题。如家长里短、小道消息、男女关系、黄色段子、荒诞离奇、耸人听闻之事等,这些格调不高雅的话题如果从我们嘴里说出来,就会使得对方觉得我方素质不高、有失教养。
　　③ 让交往对象心理沉重的话题。如凶杀惨案、贪污收贿、战争、瘟疫疾病、死亡等事情。
　　④ 交往对象的缺陷。俗话说:"打人不打脸,说话不揭短。"与人打交道时,应牢记不能随意挑剔别人的不是,尤其不能谈论交往对象的缺陷,如果不是大是大非问题,千万不能当面使对方出丑、尴尬、露怯,难以下台。
　　⑤ 抨击本公司的领导、同事的话题。我们主张批评与自我批评,但是家丑不可外扬,在外人面前议论本公司的领导、同行、同事的不是,会让别人对自己的个人人格、信誉产生怀疑。
　　⑥ 涉及国家机密与行业秘密的话题。我国有国家安全法、国家保密法,违法的内容及泄密的内容是不能谈论的,因此,在商务谈话中不能涉及国家机密与行业秘密。另外,与外国朋友交谈不要议论对方国的政治、宗教等问题。
　　2. 话题选择应注意的两个问题
　　(1) 切合语境。语境即说话的语言环境,它指的是说话的客观现场环境,包括时间、地点、目的以及交谈双方的身份等内容。商务人员在交谈内容的选择上要切合语境,主要有下面两层含义。
　　① 遵守"TPO"原则。T即时间,P即地点,O即场合。商务人员的交谈内容务必要根据不同的交谈时间、地点与场合选择不同的交谈内容。
　　② 符合身份。交谈者的身份也是语境的构成要素之一。商务人员作为公司的形象代

表,其交谈内容的选择一定要符合身份。

(2) 因人而异。所谓因人而异,即是指商务人员在交谈时要根据交谈对象的不同而选择不同的交谈内容。谈话的本质是交流与合作,因此商务人员在选择交谈内容时,就应当多为谈话对象着想,根据对方的性别、年龄、性格、民族、阅历、职业、地位而选择适宜的话题。如果完全不考虑这些因素,交谈就难以引起对方的共鸣,难以达到沟通和交流的目的,甚至出现对立的情况。

① 不同性别的人感兴趣的内容不同。几乎所有的女性都希望他人称赞自己长得美丽漂亮,而不喜欢别人说自己长得胖,而男性对于年龄或长得是否漂亮、肥瘦等无所谓得多。

② 不同文化程度的人喜欢的话题也不同。文化层次高的人喜欢谈高雅的内容,而文化层次较低的人,跟他谈哲学、文学,他会觉得你文绉绉,从而产生反感情绪。

③ 不同的心境的人说话内容也不一样。不要对失意的人说自己得意的事,不要在一个离婚的人面前说自己新婚燕尔的欣喜,不要在一个失业的人面前说自己职业无限美好的前景,不在他人病榻前大说死亡的危险。否则就是"哪壶不开偏提哪壶"。

正是由于交谈各方往往在性别、年龄、阅历和职业等方面不同,交谈中经常会发现彼此有不同的兴趣爱好、关注话题等。商务人员应当本着求同存异的原则,选择大家都感兴趣的话题作为谈话内容,使各方在交谈过程中有来有往、彼此呼应、热情参与、皆大欢喜。如果选择了双方都不感兴趣或者只有一方感兴趣的话题,交谈只能是不欢而散。因此交谈必须"求同"。

如果交谈各方在交谈中对某一问题产生了意见或观点的分歧,不妨进行适度的辩论。但这种辩论是建立在理性基础上的,如果谁也不能说服谁,就应当克制自己的情绪,各自保留自己的意见。切不可为了强行说服别人而争得面红耳赤,导致不欢而散。因此交谈必须"存异"。

(七) 科学的方式

交谈的方式,即人们在与他人进行交谈时所采用的具体形式。交谈方式选择得恰当与否,对于能否正确进行人际沟通、恰当表达个人思想、友善传递敬人之意都起着相当关键的作用。一般而言,商务人员选择运用的谈话方式主要有如下六种:

1. 倾泻式交谈

倾泻式交谈,就是人们通常所说的"打开窗户说亮话",知无不言,言无不尽,将自己的所有想法和见解统统讲出来,以便让对方较为全面客观地了解自己的内心世界。倾泻式交谈方式的基本特征是以我为主,畅所欲言。

采用倾泻式交谈方式,易赢得对方的信任,而且可以因势利导地掌握交谈主动权,控制交谈走向。但此种交谈方式会给人以不稳重之感,有可能泄密,而且还会被人误以为是在和对方"套近乎"。

2. 静听式交谈

静听式交谈,即在交谈时有意识地少说多听,以听为主。当别人说话时,除了予以必要的配合,自己主要是洗耳恭听。在听的过程中努力了解对方思路,理清头绪,赢得时间,以静制动。

静听式交谈的长处在于它既是表示谦恭之意的手段,亦可后发制人,变被动为主动。但此种方式并非要人自始至终一言不发,而要求以自己的片言只语、神情举止去鼓励、配合对方,否则就会给人以居高自傲、自命不凡之感。

3. 启发式交谈

启发式交谈,即交谈一方主动与那些拙于辞令的谈话对象进行合作,在话题的选择或谈话的走向上对对方多方引导、循循善诱,或者抛砖引玉,鼓励对方采用恰当方式阐述己见。

商务人员在采用此种交谈方式时,切勿居高临下,企图以此控制对方,也不可存心误导对方、愚弄对方,令对方丢人现眼。

4. 跳跃式交谈

跳跃式交谈,即在交谈中,倘若一方或双方对某一话题感到厌倦、不合时宜、无人呼应或难以回答时,及时地转而谈论另外一些较为适当的、双方都感兴趣的话题。

跳跃式交谈的长处在于可使交谈者避免冷场的尴尬,恢复交谈的顺利进行。跳跃式交谈虽可对交谈话题一换再换,但交谈者切勿单凭个人兴趣,频繁跳换话题,让对方无所适从。要使双方处于平等的地位,共同选择适当的谈话内容。

5. 评判式交谈

评判式交谈,即在谈话中听取了他人的观点、见解后,在适当时刻,以适当方法恰如其分地进行插话,来发表自己就此问题的主要看法。此种方式的主要特征是在当面肯定、否定或补充、完善对方的发言内容。

商务人员在涉及根本性、方向性、原则性问题的交谈中,有必要采取评判式方式。采用这种方式的关键是要注意适时与适度。同时要重视与对方彼此尊重、彼此理解、彼此沟通。切不可处处以"仲裁者"自居,不让他人发表观点,或是不负责任地信口开河,对他人见解妄加评论,甚至成心与他人唱反调,粗暴无礼地打断别人的谈话。

6. 扩展式交谈

扩展式交谈,即围绕着大家共同关心的问题,进行由此及彼、由表及里的探讨,以便开阔思路、加深印象、提高认识或达成一致。扩展式交谈的目的在于使各方各抒己见,交换意见,以求集思广益。

扩展式交谈方式能使参与交谈的有关各方统一思想,达成共识,或者交换意见,完善各自观点。商务人员在进行扩展式交谈时,一定要注意就事论事,以理服人,善于听取他人意见,切不可自命不凡、强词夺理。

商务交谈中具体要求采用哪种交谈方式,要视交谈的对象、交谈的内容、交谈的目的等而定,有时也可以将几种方式组合运用,以期达到最佳交谈效果。

二、交谈礼仪中的重要原则

(一)保持适当的距离

与人保持适当的距离就是控制"界域"。所谓界域,即交往中相互距离的确定,它主要受到双方关系状况的决定、制约,同时也受到交往的内容、交往的环境以及不同文化、心理特征、性别差异等因素影响。美国西北大学人类学教授爱德华·T·霍乐博士在他的《人体近身学》中提出了广为人知的四个界域:亲密距离、个人距离、社交距离、公众距离。

(1) 亲密距离:46厘米以下,适于亲人、恋人、夫妻之间的交往距离。但不适宜在社交场合、大庭广众面前出现。

(2) 个人距离:0.46~1.2米之间,适合握手、相互交谈。关系密切的朋友之间可以保持这个距离。

(3) 社交距离:1.2~3.6米之间,主要适合于礼节性或社交性的正式交往。其近段为1.2~2.1米之间,多用于商务洽谈、接见来访或同事交谈等。远段在2.1~3.6米之间,适合于同陌生人进行一般性交往,也适合领导同下属的正式谈话、高级官员的会谈及较重要的贸易谈判。

(4) 公众距离:3.6米以上。它适合于做报告、演讲等场合。

(二)恰当地称呼他人

我们之前学的称呼礼仪就可以派上用场了,在这里不再作过多的解释。

(三)及时肯定对方

在谈话过程中,当双方的观点出现类似或基本一致的情况时,谈话者应迅速抓住时机,用溢美的言词,中肯地肯定这些共同点。赞同、肯定的语言在交谈中常常会产生异乎寻常的积极作用。当交谈一方适时中肯地确认另一方的观点之后,会使整个交谈气氛变得活跃、和谐起来,陌生的双方从众多差异中开始产生了一致感,进而十分微妙地将心理距离拉近。当对方赞同或肯定己方的意见和观点时,己方应以动作、语言进行反馈交流。这种有来有往的双向交流,易于双方谈话人员感情融洽,从而为达成一致协议奠定良好基础。

(四)态度和气、语言得体

交谈时要自然,要充满自信。态度要和气,语言表达要得体。手势不要过多,谈话距离要适当,内容一般不要涉及不愉快的事情。

(五)注意语速、语调和音量

交谈中陈述意见要尽量做到平稳中速。在特定的场合下,可以通过改变语速来引起双方的注意,加强表达的效果。一般问题的阐述应使用正常的语调,保持能让对方清晰听见而不引起反感的高低适中的音量。

三、交谈中打开话题的技巧

好文章,有了好题目往往会文思泉涌一挥而就;交谈,有了好的话题,常能使谈话融洽自如。好话题,是初步交谈的媒介,深入细谈的基础,纵情畅谈的开端。好话题的标准是:至少是一方熟悉,能谈;大家感兴趣,爱谈;有展开探讨的余地,好谈。找话题的方法是:

(一)中心开花法

选择众人关心的事件为题,围绕人们的注意中心,引出大家的议论,导致"语花"四溅,形成"中心开花"。找大家都感兴趣的话题,容易打开局面,有的阐述自己所知的情节,有的发表对此事的评价,七嘴八舌,十分热闹。这类话题是大家想谈、爱谈、又能谈的,人人有话,自然就谈得热闹了。

(二) 即兴引入法

巧妙地借用彼时、彼地、彼人的某些材料为题,借此引发交谈。如有人在大热天遇见一位不相识的环卫工人时,说:"这么热的天,看这西瓜成车地进城,你们的清扫任务肯定不轻啊?"一句话,引来对方滔滔地讲述烈日下劳动的艰辛,抒发"脏了我一个,清洁全城人"的豪情。还可以借对方的籍贯、年龄、服饰、居室等,即兴引出话题,效果都很好。

(三) 投石问路法

与陌生人交谈,先提些"投石"的问题,在略有了解后再有目的地交谈,便能谈得较为投机。如在宴会上见到陌生的邻座,可先试探式地询问:"你和主人是老同学呢还是同事?"然后可循着对方的答话交谈下去。如果对方回答说是"老乡",那就可以从他们的家乡谈下去。如是北京老乡,可谈天安门、故宫、长城;是福建老乡,可谈荔枝、龙眼;是四川老乡,可谈成都、九寨沟、四川菜。

(四) 循趣入题法

问明对方的兴趣,循趣而谈,能顺利地找到话题。因为对方最感兴趣的事,总是最熟悉、最有话可谈,也是乐于谈的。如对方喜爱摄影,便可以此为题,谈摄影的取景、胶卷的选择、各类相机的优劣等。如你对摄影略知一二,那定能谈得很融洽。如你对摄影不了解,也可借此大开眼界。

引出话题的方法还有很多,如"借事生题法""由情入题法""即景出题法等"。引话题,类似"抽线头""插路标",重点在引,目的在导出对方的话。

四、肢体语言的识别

肢体语言(body language)又称身体语言,是指经由身体的各种动作代替语言借以达到表情达意的沟通目的。广义言之,肢体语言也包括前述之面部表情在内;狭义言之,肢体语言只包括身体与四肢所表达的意义。

谈到由肢体表达情绪时,我们自然会想到很多惯用动作的含义。诸如鼓掌表示兴奋,顿足代表生气,搓手表示焦虑,垂头代表沮丧,摊手表示无奈,捶胸代表痛苦。当事人以此等肢体活动表达情绪,别人也可由之辨识出当事人用其肢体所表达的心境。

部分肢体语言代表的意义:

眯着眼——不同意,厌恶,发怒或不欣赏;

走动——发脾气或受挫;

扭绞双手——紧张,不安或害怕;

向前倾——注意或感兴趣;

懒散地坐在椅中——无聊或轻松一下;

抬头挺胸——自信,果断;

坐在椅子边上——不安,厌烦,或提高警觉;
坐不安稳——不安,厌烦,紧张或者是提高警觉;
正视对方——友善,诚恳,外向,有安全感,自信,笃定等;
避免目光接触——冷漠,逃避,不关心,没有安全感,消极,恐惧或紧张等;
点头——同意或者表示明白了,听懂了;
摇头——不同意,震惊或不相信;
晃动拳头——愤怒或富攻击性;
鼓掌——赞成或高兴;
打呵欠——厌烦;
手指交叉——好运;
轻拍肩背——鼓励,恭喜或安慰;
搔头——迷惑或不相信;
笑——同意或满意;
咬嘴唇——紧张,害怕或焦虑;
抖脚——紧张;
双手放在背后——愤怒,不欣赏,不同意,防御或攻击;
环抱双臂——愤怒,不欣赏,不同意,防御或攻击;
眉毛上扬——不相信或惊讶。

 知识链接

做一个受人欢迎的交谈者

 实训练习

一、案例分析

案例1

王峰在大学读书时学习非常刻苦,成绩也非常优秀,几乎年年拿奖学金,为此同学们给他起了一个绰号"超人"。大学毕业他顺利地进入一家跨国公司,一晃八年过去了,他现在已经成为公司的部门经理。

去年国庆节,王峰带着妻子回国探亲。一天,在大剧院观看音乐剧,刚刚落座,就发现有3个人向他们走来,其中一个人边走边伸出手大声地叫:"喂!这不是'超人'吗?你怎么回来了?"这时,王峰才认出说话的正是他的老同学贾某。贾某毕业后跑到南方做生意,赚了些钱,如今在上海注册公司当起了老板。今天正好陪着两位从香港来的生意伙伴一起来观看音乐剧,这对生意伙伴是他交往多年的、较年长的香港夫妇。

此时,王峰和贾某彼此都既高兴又激动。贾某大声寒暄了好一阵子,才想起王峰身边还站着一位女士,就问王峰身边的女士是谁。王峰这时才想起向贾某介绍自己的妻子,待王峰介绍完毕,贾某高兴地走上去,给王峰妻子一个拥抱礼。这时贾某也想起该向老同学介绍他的生意伙伴了。

思考:上述场合在见面过程中有什么不符合礼仪的地方?请指出,并说明正确的做法。

案例 2

一中国谈判小组赴中东某国进行一项工程承包谈判。在闲聊中,中方负责商务条款的成员无意中评论了中东盛行的伊斯兰教,引起对方成员的不悦。当谈及实质性问题时,对方较为激进的商务谈判人员丝毫不让步,并一再流露撤出谈判的意图。

问题:

(1)案例中沟通出现的障碍主要表现在什么方面?
(2)这种障碍导致谈判出现了什么局面?
(3)应采取哪些措施克服这一障碍?
(4)从这一案例中,中方谈判人员要吸取什么教训?

二、模拟训练

项目 1　日常交谈

实训目标:掌握交谈的基本规范。

实训学时:2 学时。

实训地点:实训室。

实训准备:交谈场景的安排。

实训方法:角色扮演法。老师设计一场景,让学生分小组讨论交谈过程和礼仪要点,然后分角色进行表演。一个角色表演完后交换角色进行表演。学生自评、互评,老师讲评纠错后再进行表演训练。

交谈内容:假如你是阳光建筑公司主管销售的副总经理,受命到全国建材年度论坛及产品展销会上作报告、找资金。在大礼堂等待开会的时候,不经意地听到旁边两个经理的谈话,他们都对光阳牌无苯墙纸涂料表现出浓厚的兴趣,而该技术正是你公司的专利技术,你是否有兴趣加入他们的谈话?如果有兴趣,你将如何作自我介绍并加入他们的谈话?请你与另两位同学展示一下。

项目 2　商务交谈

实训目标:掌握商务交谈的礼仪规范。

实训学时:2 学时。

实训地点:实训室。

实训准备:实训环境的布置。

实训方法:角色扮演法。老师设计一场景,让学生分小组讨论交谈过程和礼仪要点,然后分角色进行表演。一个角色表演完后交换角色进行表演。学生自评、互评,老师讲评纠错后再进行表演训练。

交谈内容：假设你是常州柴油机厂的办公室主任，你去南京开会，正遇上苏州无线电一厂的李厂长，你们彼此都想认识对方，请你通过自我介绍的方式认识对方（你们都带了名片），并进行简短的业务交谈。

课后练习题

任务2　商务谈判礼仪

感　言

1. 人生无处不谈判。
2. 谈判是维护并获取权益的一种重要手段，也是企业创造利润的重要途径。
3. 谈判是一场高智商的游戏，需要我们掌握博弈学、决策学、行为学、心理学和沟通学，甚至还有礼仪、财务、法律和国际贸易方面的知识。

任务目标

1. 了解商务谈判的含义；
2. 掌握商务谈判的技巧；
3. 理解并能灵活运用各种谈判策略；
4. 学会正确安排商务谈判现场的座位和签字仪式的座位；
5. 明确商务谈判前应做的准备工作；
6. 记住商务谈判过程中商务人员应遵守的礼仪；
7. 能按礼仪规范进行商务谈判；
8. 增强商务谈判的礼仪意识。

案例导入

2012年夏天，S市木炭公司经理尹女士到F市金属硅厂谈判其木炭的销售合同。S市木炭公司是生产木炭的专业公司，一直想扩大市场，因此对这次谈判很重视。会面那天，尹经理脸上粉底打得很厚，使涂着腮红的脸尤显白嫩，耳朵上戴着垂钓式的耳环，脖子上戴着一条金项链，右手戴有两个指环、一个钻戒，穿着大黄衬衫。F市金属硅厂销售科的王经理和业务员小李接待了尹经理。王经理穿着布质夹克衫、劳动布的裤子，皮鞋不仅显旧，还蒙着车间的硅灰。他的胡茬发黑，使脸色更显苍老。

尹经理和王经理在会议室见面时，互相握手致意，王经理伸出大手握着尹经理白净的小手，但马上就收回了，并抬手检查手上的情况。原来尹经理右手的戒指指环扎了王经理的手。看着王经理收回的手，尹经理眼中掠过一丝冷淡。小李却眼前一亮，觉得尹经理与王经理的反差大了些。

双方就供货及价格进行了谈判，F厂想获得S厂的木炭独家供应权，以增强与别的金属硅厂的竞争优势，而S厂提出了最低保证量及预先付款作为滚动资金的要求。王经理在最低定量及预付款原则上表示同意，但在"量"上与尹经理分歧很大。尹经理为了不空手而回，提出暂不讨论独家供应问题，预付款也可放一放，双方各退一步，先谈眼下的供货合同问题。王经理问业务员小李，小李没反应。原来他在观察研究尹经理的服饰与化妆，尹经理也等小李的回话，发现小李在观察自己，不禁一阵脸红，但小李没提具体合同条件，只是将F厂"一揽子交易条件"介绍了一遍。尹经理对此未做积极响应。于是小李提出，若谈判依单订货，可能要货比三家，愿先听S厂的报价，依价下单。尹经理一看事情复杂化了，心里直着急，加上天热，额头汗珠汇集成流，顺着脸颊淌下来的汗水将粉底冲出了一条小沟，使原来白嫩的脸变得花了。

见状，王经理说道："尹经理别着急。若贵方价格能灵活些，我方可以先试订一批货，也让你回去有个交代。"尹经理说："为了长远合作，我们可以在这笔交易上让步，但还请贵方多考虑我公司的要求。"双方就第一笔订单做成了交易，并同意就"一揽子交易条件"存在的分歧继续研究，择期再谈。

思考：请分析双方在谈判的礼仪和服饰上有什么不妥之处。

 基础知识

一、商务谈判的含义

谈判，指的是有关方为了各自的利益，通过接触与磋商，就某些性质的问题达成协议或者妥协的过程。

商务谈判是一个复杂的搜集处理信息、彼此交换意见和努力达成共识的过程，也是一场斗智斗谋的竞智活动。报价、查询、磋商、解决矛盾、处理冷场等每一个环节都有不可忽视的礼仪，最终要力求达成"双赢"的结果。

二、商务谈判的准备

（一）组织谈判班子

国外大多数谈判专家认为，谈判班子的理想人数不要超过4个人。现代管理理论也指出：对经理们来说，对谈判这种复杂多变的环境管理，控制不宜过宽，以3—4人为宜。一般而言，一个谈判班子应包括下列专业人员：

（1）技术人员。熟悉本组织的专业技术特点并能决定技术问题的工程师或技术指导。在谈判中，技术人员主要负责有关技术性能、技术资料和验收办法等。

（2）商务人员。主要负责商务条款的谈判，必须熟悉财务信用事务，对谈判方案的变动所带来的收益变化能作出正确的分析和计算。

（3）法律人员。熟悉各种相关法规并有一定签约和辩护经历的专业人员。谈判中，法律人员应懂得和解释协议文件、协议中各种条款的法律要求，并根据谈判情况草拟协议文本。

（4）翻译人员。如是涉外谈判，谈判班子还应配备自己的译员。译员不仅要精通外文，还要懂得一些基本的与谈判内容有关的各种知识。

各成员要明确各自的职责范围，互相配合，使之成为一个协调的整体，但其中必须有一个能够拍板定局的人。

（二）收集对方信息

（1）收集与谈判主题有关的背景资料。如己方和对方的财务计划、决策的优先顺序、成本分析、组织结构、经营方向及宣传资料、公开声明，谈判所涉及的党和国家的有关政策、法令及其相关资料等。

（2）有关谈判对手的各种情况。包括对手个人的详细资料，如气质、性格、经历、家庭背景、生活习惯、兴趣爱好甚至思维方式、行为特点和心理倾向等。

我国某进出口公司与泰国一家公司洽谈钢丝网和瓦楞钉生意。结果谈判一开始就不顺利，双方提出的交易条件相差甚远，中方有意放弃。有一天，中方公司副经理李华上街购物，无意中发现泰国公司总经理徐先生在街头象棋摊边观棋，一副饶有兴趣的样子，李华心里一动。这天黄昏，李华带着一副精工制作的象棋来到徐先生下榻的宾馆，"下一盘棋，怎么样？"年过半百的徐先生居然像孩子一样兴高采烈。原来，徐先生出生于象棋世家，他的儿子又酷爱收藏各种各样的象棋。一场酣战下来，双方意犹未尽，李华醉翁之意不在酒，又和徐先生畅谈事业、成就、亲情、家世，徐先生对李华大为赞赏，当即表示"能和你这样的人交上朋友，这笔生意少赚一点也值得！"两天后，协议在徐先生下榻的宾馆签订了。

思考：从李华通过下棋沟通感情，最终谈判成功这件事，你受到什么启发？

（三）修饰商务谈判人员仪表

由于谈判关系大局，所以在这种场合，商务人员应该穿着正统、简约、高雅、规范的最正式的礼仪服装。男士应穿深色三件套西装或白衬衫、打素色或条纹式领带、配深色袜子和黑色系带皮鞋。女士要穿深色西装套裙和白衬衫，配肉色长筒或连裤式丝袜和黑色高跟、半高跟皮鞋。男士不准蓬头垢面、不准留胡子或留大鬓角。女士应选择端庄、素雅的发型，化淡妆。摩登或前卫的发型、染彩色头发、化眼妆或使用香气浓烈的化妆品都不可以。

（四）安排商务谈判会的座次

举行正式谈判时，有关各方在谈判现场具体就座位次的要求是非常严格的，礼仪性是很强的。从总体上讲，排列正式谈判的座次，可分为两种基本情况。

1. 双边谈判

双边谈判，指的是由两方的人士所举行的谈判。在商务活动中，双边谈判最为多见。

双边谈判的座次排列，主要有两种形式可供酌情选择。

（1）横桌式。

如图3-1,横桌式座次排列是指谈判桌在谈判室内横放,面对正门的一方为尊,由客方就座,背对门的一方为卑,由主方就座。各方的主谈人员在自己一方居中而坐。其余人员则应遵循右高左低的原则,依照职位的高低自近而远地分别在主谈人员的两侧就座。如果有翻译,可以安排在主谈人员的右边。

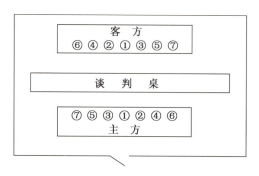

图3-1　横桌式谈判排座

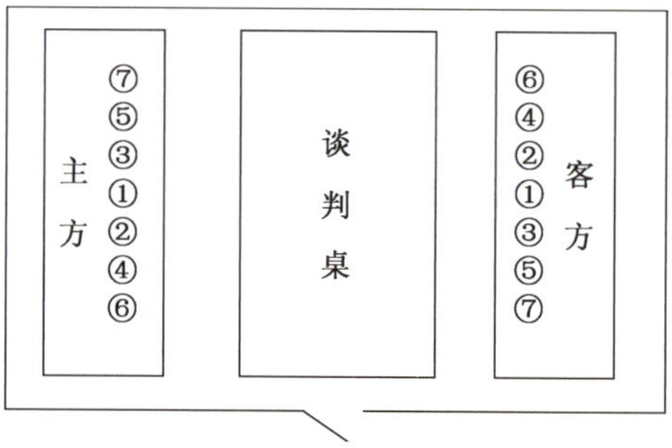

图3-2　竖桌式谈判排座

（2）竖桌式。

如图3-2,竖桌式座次排列是指谈判桌在谈判室内竖放。具体排位时以进门时的方向为准,右侧为上,由客方人士就座,左侧为下,由主方人士就座。

2.多边谈判

多边谈判,是指由三方或三方以上人士所举行的谈判。举行多边谈判时,为了避免失礼,按照国际惯例,一般要以圆桌为谈判桌来举行"圆桌会议"。这样一来,尊卑的界限就被淡化了。即便如此,具体就座时,仍然讲究各方与会人员尽量同时入场,同时就座。最起码主方人员不要在客方人员之前就座。

多边谈判的座次排列,主要也可分为两种形式。

（1）自由式。自由式座次排列,即各方人士在谈判时自由就座,而无须事先正式安排座次。

（2）主席式。

如图3-3,主席式座次排列是指在谈判室内,面向正门设置一个主席之位,由各方代表发言时使用。其他各方人士,则一律背对正门、面对主席之位分别就座。各方代表发言后,亦须下台就座。

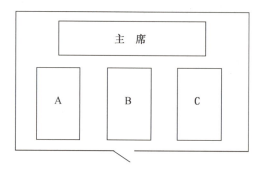

图3-3　主席式谈判排座

（五）营造融洽的谈判氛围

正式谈判前，不仅应当布置好谈判厅的环境，预备好相关的用品，还要与对手建立起良好的关系，也就是要建立一种双方都希望的、良好的谈判环境所具有的关系，这种关系是使谈判顺利进行的保障。

（六）确定谈判的分层目标

富有经验的谈判人员将目标分为三个层次，即理想目标、一般目标、最终目标。理想目标是企业希望达到的目标，用来作为与对方讨价还价的筹码，必要时可以放弃；一般目标是希望达到的目标，如果为此对方要做出重大让步和牺牲，难以实现，那么这一目标也可以放弃；最终目标是一定要达到的目标，在谈判中应当无条件地达到，否则宁可谈判破裂。这三类目标应当在谈判前经过权衡确定好，以便在谈判过程中做到心中有数。

（七）制订谈判计划

通过各种渠道设法弄清对手的谈判目标，分析对比双方利益一致的地方和可能产生分歧的地方，选取谈判时采取的不同对策，并制定详细的谈判计划。

三、商务谈判过程中的礼仪

（一）开局阶段

该阶段是通过与对方的见面相识，力求建立密切友好的关系，共同为谈判创造一个和谐友善的氛围。

1. 创建和谐友善的谈判气氛

开局阶段，被称为"破冰"期，素不相识的人走到一起谈判，极易出现停顿和冷场。因此谈判双方言谈举止要尽可能创造出友好、轻松的良好谈判气氛。具体要求是：

（1）准时入场，仪表端庄。商务人员进行商务谈判时要求做到服饰整洁，仪态优雅，精力充沛，发音响亮有力，同时控制好进场的时间，不可以迟到。谈判之初的姿态动作也对把握谈判气氛起着重大作用，注视对方时，目光应停留于对方双眼至前额的三角区域，这样使对方感到被关注，觉得你诚恳、严肃。做手势时手心向上，手势自然。切忌双臂在胸前交叉，那样给人的感觉是有防范对抗的情绪或者傲慢无礼的态度。

（2）尊重对方，彬彬有礼。作自我介绍时要自然大方，不可露傲慢之意。被介绍到的人应起立并微笑示意，可以礼貌地道："幸会""请多关照"之类。询问对方要客气，如"请问您的尊姓大名""不知我该如何称呼"等。如有名片，要双手接递。

（3）适度寒暄，热情礼貌。以轻松、愉快的话题（如会谈前各自的经历，私人问候或者共同经历等）开始，忌急于进入实质性谈判。语气自然平和，表情轻松亲切，以便沟通感情，创造温馨和谐的谈判气氛。要积极创造有缘相知的感觉，记住对方是伙伴，不是对手。

（4）认真聆听，细心分析。谈判之初的重要任务是摸清对方的底细，因此要认真听取对方谈话，细心观察对方的举止表情，并适当给予回应，这样既可了解对方意图，又可表现出尊重与礼貌。

中国某进出口公司委派谈判人员李先生和英国某公司的负责人就某一建筑机械设备问题进行谈判。李先生刚走进那位英国负责人的办公室,就微笑着说:"在这个城市有你这个姓氏的人不多,下飞机后我查阅资料,结果发现这座城市乃至整个英国这个姓氏都不多,在历史上曾经是贵族姓氏。""哈,你说对了。"那位负责人眼睛一亮,饶有兴趣地开始介绍自己姓氏的历史渊源和特殊含义,一场愉快的外贸谈判开始了。

2. 做好开局陈述

(1) 开局时的"4P"说明。开局阶段要对四个方面的问题进行介绍说明,具体地说包括:① Personalities(成员),是指对双方谈判小组的单个成员的情况进行说明,包括其姓名、职务以及在谈判中的地位与作用等。② Purpose(目的;目标),是指对本次洽谈的任务和目的进行说明。③ Plan(计划),指为了洽谈目标所设想采取的步骤和措施,其内容包括待讨论的议题以及双方必须遵守的议程。④ Pace(进度),即对谈判进度的说明。

(2) 开场陈述的具体内容。包括:① 根据我方的理解,阐明该次谈判所涉及的问题;② 说明我方通过谈判所要取得的利益,尤其要阐明哪些方面是我方至关重要的利益;③ 说明我方可以采取何种方式为双方共同利益做出贡献;④ 对双方以前合作的结果做出评价,并对双方继续合作的前景做出评价。

我国某出口公司的一位经理在同马来西亚商人洽谈大米出口交易时,开局是这样表达的:"诸位先生,首先让我向贵方介绍一下我方对这笔大米交易的看法。我们对这笔出口买卖很感兴趣,我们希望贵方能够现汇支付。不瞒贵方说,我方已收到贵国其他几位买方的递盘。因此,现在的问题只是时间,我们希望贵方能认真考虑我方的要求,尽快决定这笔买卖的取舍。当然,我们双方是老朋友了,彼此有着很愉快的合作经历,希望这次洽谈会进一步加深双方的友谊。这就是我方的基本想法。我把话讲清楚了吗?"

3. 确定科学的谈判程序

谈判议程包括谈判的议题和程序。通俗地说就是要确定谈什么,以及先谈什么,后谈什么。制定了某种议程,实际上也就控制了谈判的进程,更重要的是能够避开自己不愿意、对自己不利的谈判内容。

这是发生在某跨国公司内部的一次谈判,公司的经理班子就某一决策产生了两种对立意见,大多数人反对,少数人支持,问题是少数人的意见是正确的。会议主席按照常例主持会议,不久由于意见尖锐冲突,会议出现僵局,主席不得不宣布中止会议。经过一番深思熟虑,支持少数人意见的主席再开会时,宣布了一种"特别的程序":在得到特别允许之前,必须尊重别人的发言,不得打断或插入反对意见,不得展开不同意见的争论。但允许反对方提出旨在"澄清事实"的问题,诸如"你提出的方案好在哪里?""你说的是这个意思吗?"等。

接着,主席请少数派代表发言。由于执行了这种特别的程序,少数派得以从容地从各方面详细阐述自己的立场,而不至于尚未把道理讲清楚就被压下去。事实上,只要让多数人清楚地了解了少数人的意见,并且通过提问进一步理解少数人的观点,就为打破僵局、消除分歧、统一思想打下了基础。结果这一特别的程序非常有效。"迫使"经理班子统一了思想,取得了一致的意见,内部谈判取得了成功。

4. 开局阶段的技巧

在开局阶段要注意下列几种技巧:

(1) 陈述简洁,逻辑清晰。无论是陈述己方的意图还是论述自己的观点,都必须做到不拖泥带水、啰里啰唆、滔滔不绝。

(2) 轮流发言,机会相当。这是指要让每一位洽谈参加人员都有发言的机会。每一个谈判代表都是来谈判的,而不是一般的观众听客,因此要给予每一位谈判代表发言的机会,而且发言的时间要相当。

(3) 取得共识,争取合作。在谈判一开始就应该有合作精神。只要有可能,应当尽量多地提些使双方意见趋于一致的问题、建议或设想,要给对方足够的时间和机会发表不同意见,不要粗鲁地打断对方的讲话,也不要急于发表自己的见解和评论。

(二) 报价与磋商阶段

这是谈判的实质性阶段,主要是报价、查询、磋商、解决矛盾、处理冷场。

(1) 报价。要明确无误,恪守信用,不欺蒙对方。在谈判中报价不得变幻不定,对方一旦接受价格,即不再更改。

(2) 查询。事先要准备好有关问题,选择气氛和谐时提出,态度要开诚布公。切忌气氛比较冷淡或紧张时查询,言辞不可过激或追问不休,以免引起对方反感甚至恼怒。但对原则性问题应当力争不让。对方回答查问时不宜随意打断,答完时要向解答者表示谢意。

(3) 磋商。讨价还价事关双方利益,容易因情急而失礼,因此更要注意保持风度,应心平气和,求大同,存小异。发言措辞应文明礼貌。

(4) 解决矛盾。要就事论事,理智争辩,举证有力,用语谨慎,紧扣"死线"。保持耐心、冷静,不可因发生矛盾就怒气冲冲,甚至进行人身攻击或侮辱对方。相反地,越是争论越是要礼待对手。

(5) 处理冷场。此时主方要灵活处理,可以暂时转移话题,稍做松弛。如果确实已无话可说,则应当机立断,暂时中止谈判,稍做休息后再重新进行。主方要主动提出话题,不要让冷场持续过长。

我国某冶金公司要向美国购买一套先进的组合炉,派高级工程师俞存安与美商谈判。为了不负使命,俞存安做了充分的准备工作,他查找了大量有关冶金炉的资料,花了很大精力将国际市场上组合炉的行情及美国这家公司的历史和现状、经营情况等调查得一清二楚。谈判开始,美商一开口要价150万美元。俞存安列举各国成交价格,使美商目瞪口呆,终于以80万美元达成协议。当谈判购买冶炼自动设备时,美商报价230万美元,经过讨价还价压到130万美元,俞存安仍然不同意,坚持出价100万美元。美商表示不愿意继续谈下去了。把合同往俞存安面前一扔,说:"我们已做了这么大的让步,贵公司仍不能合作,看来你们没有诚意。这笔生意就算了,明天我们回国了。"俞存安闻言轻轻一笑,把手一伸,做了一个优雅的请的动作。美商真的走了,冶金公司的其他人有些着急,甚至埋怨老俞不该扣得这么紧。俞存安说:"放心吧,他们会回来的。同样的设备,去年他们卖给法国只有95万美元,国际市场上这种设备价格100万美元是正常的。"

果然不出所料,一个星期后美商又回来继续谈判了。俞存安向美商点明了他们与法国的成交价格,美商又愣住了,没有想到眼前这位中国人如此精明,于是不敢再报虚价,只得说:"现在物价上涨得厉害,比不得去年。"俞存安说:"每年物价上涨指数没有超过6%,一年时间,你们算算,该涨多少?"美商被问得哑口无言,在事实面前不得不让步,最后以101万美元达成了这笔交易。

(三)签约阶段

这是谈判的终结。谈判双方经过几个回合的交锋和让步,终于达成共识并要用协议的形式予以认可,使之合法化。

1. 签约应注意的环节

(1)待签文本的准备。谈判结束后,双方应指定专人按照谈判达成的协议,做好待签文本的定稿、翻译、校对、印刷、盖印等工作。在协议或文本上签字的有几个单位,就要为签字仪式提供几份文本。如有必要还应为各方提供一份副本。与外商签署有关协议合同时,按国际惯例,待签文本应同时使用双方的用语。

(2)人员的安排。举行签字仪式前,有关各方要确定好参加签字仪式的人员,并向有关部门通报。要将出席签字仪式的人数提前通报给主方,以便主方做好安排。主签人员可以安排行业领导,也可以是企业主要领导,不管怎样,双方主签人的身份应大体相当。参加签字的各方,事先还要安排一名熟悉签字仪式程序的助签人员,签字时给文本翻页,并指明签字处,防止漏签。其他出席签字仪式的陪同人员,基本上是参加谈判的全体人员,人数以相等为宜。

(3)签字现场的布置。举行签字仪式的场地,一般视参加签字仪式的人员规格、人数多少及协议中商务内容的重要程度而定。多数是选择在客人所住宾馆、饭店,或东道主的会客厅、洽谈室。无论选择在何处举行,都应征得对方同意。

(4)签字场地的布置。签字场地的布置一般是在签字厅内设长桌为签字桌,桌面上苫盖深绿色尼布,桌后放置两张椅子作为双方签字人的座位,主左客右。桌上陈列各自保存的文本、签字时使用的文具,如签字笔、吸墨器等。如与外商签署协议,还应将各自的国旗摆放在该方签字者的正前方。签字现场布置总的原则是庄重、整洁。地上可铺设地毯,签字桌上方或后方可悬挂横幅,标明"×××签字仪式"的字样。

2. 签字仪式的座次安排

举行签字仪式时,位列座次的礼仪要求是:签字桌横放,客方签字者面对正门居右而坐,主方签字人则应面对正门居左而坐。双方的助签者应站在各自一方签字人外侧。其余人员则按职务高低,自左至右(客方)或自右向左(主方)排列成一行,站立于己方签字人的背后。

一般而言,举行签字仪式时,座次排列的具体方式共有三种基本形式,它们分别适用于不同的具体情况。

(1)并列式。并列式排座,是举行双边签字仪式时最常见的形式。它的基本做法是:签字桌在室内面门横放。双方出席仪式的全体人员在签字桌之后并排排列,双方签字人员居中面门而坐,客居右,主居左。如图3-4所示。

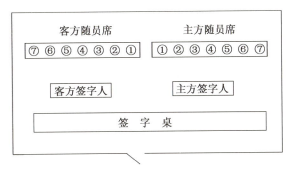

图 3-4 并列式签字仪式的排座

（2）相对式。相对式签字仪式的排座，与并列式签字仪式的排座基本相同。二者之间的差别，只是相对式排座将双边签字仪式的随员席移至签字人的对面。如图 3-5 所示。

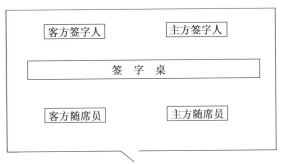

图 3-5 相对式签字仪式排座

（3）主席式。主席式排座，主要适用于多边签字仪式。其操作要点是：签字桌仍须在室内横放，签字席仍须设在桌后面对正门，但通常只设一个，并且不固定其就座者。举行仪式时，所有各方人员，包括签字人在内，皆应背对正门、面向签字席就座。签字时，各方签字人应以规定的先后顺序依次走上签字席就座签字，然后即应退回原处就座。如图 3-6 所示。

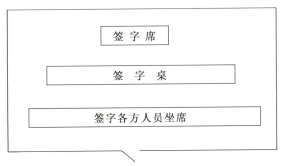

图 3-6 主席式签字仪式排座

3．签字仪式的程序

（1）宣布开始。此时各方人员应先后步入签字厅，到各自既定的位置，主签人按座签标志入座，签约仪式上，双方参加谈判的全体人员都要出席，共同进入会场，相互致意握手，一起入座。双方都应设有助签人员，分立在各自一方代表签约人外侧，其余人排列站立在各自一方代表身后。

（2）签署文件。助签人员要协助签字人员打开文本，用手指明签字位置。双方代表各在己方的文本上签字,然后由助签人员互相交换,代表再在对方文本上签字。

(3) 交换文本。签字完毕后,双方应同时起立,交换文本,并相互握手,祝贺合作成功。其他随行人员则应该以热烈的掌声表示喜悦和祝贺。

(4) 饮酒庆贺。有关各方人员一般应在交换文本后当场饮上一杯香槟酒,并与其他方面的人士一一干杯。这是国际上一种增加签字仪式喜庆色彩的常规性做法。

(四) 商务谈判礼仪的注意事项

关于商务谈判中的礼仪,还应注意以下事项:

1. 自我介绍要到位

自我介绍时既不可傲慢无礼,也不必过于拘泥。应以轻松自然的方式,落落大方地说明自己的身份。

2. 寒暄要适度

尚未正式进入谈判内容时,一般都有一个过渡阶段,相互间的寒暄语要选择容易引起对方共鸣而与正题无关的话题。如旅途经历、体育比赛、天气情况,以往合作的经历和取得的成功等。通过对题外话的简单交谈,双方找到共同的语言,双方的感情就比较接近了,气氛也融洽了,再谈正题就显得自然、不唐突了。但切记不要涉及令人沮丧的话题,也不可口吐狂言或口若悬河、滔滔不绝。

3. 体态语言要得体

人们通过语言进行交流的同时,还通过面部表情、身体的姿态、手势和动作传递信息。实验证明,人们在沟通中,通过体态表达信息一般要占信息传递的65%,其信息承载量远远大于有声语言。对方不但在"听其言",而且在"观其行"。

4. 现场处理要灵活

谈判中有时会出现冷场,就需要东道主灵活处理。应创造热情友好的氛围,使谈判继续顺利进行。如果双方确定已无话可说,就应该终止谈判,或休会一段时间再进行。

5. 礼貌礼节要规范

谈判中要注意语言文明、礼貌,讲话要彬彬有礼、落落大方。讲话完毕要向大家致意,以表示讲话完毕,并对聆听者表示感谢。绝对禁止使用粗俗的语言,不应该随意歪坐在椅子上,更不可以做一些与谈判无关的小动作。

6. 对方习俗要尊重

对于不同国家和民族的风俗习惯一定要持理解宽容的态度,同时要注意保持自己的尊严。

知识链接

各国商人的谈判风格

实训练习

一、案例分析

案例1

李先生带领着自己的一行人马来到事前约定好的谈判地点,这时,谈判的另一方也迎面走来。李先生出于地主之谊,身体略向前倾,面带微笑地把自己的右手伸了过去,同时他的眼睛注视着谈判对方的带头人。这时候,对方也快步走上前来,在走动的过程中,微笑着握住了李先生的手,并说:"李先生你好,我是某公司的业务经理张春生。"同时,他左手从上衣口袋里掏出了自己的名片,双手递了过去。

李先生在接名片的同时也客气地说:"张先生,你好。"他也把自己的名片递了过去。然后他们进了谈判室。在就座后,李先生说话了:"张先生真是年轻有为,年纪轻轻就坐上了经理的位置。"张先生应声答道:"李先生过奖了,早闻李先生大名,今日得见,真是幸会幸会啊。"

李先生微笑示意,接着介绍自己团队的人员,之后,张春生也一一把自己的人员做了介绍。不过,在介绍到一名员工的时候,自己的手机突然响起,他拿起手机,转身向门外走去,并没有征求李先生这方的许可。张春生接完电话回来后,连声道歉,李先生不动声色,微笑着说:"没关系,没关系的。"其实,他已经看出了对方这次的谈判准备不是很充分。

在接下来的谈判中,果然如李先生所料,张春生虽然对李先生提出的价格感觉有些高,但他并不知道如今市场上的价格究竟是多少。李先生说:"这已经是很低的价位了。"张春生信以为真。

谈判协议签订的时候,李先生心中狂喜,因为他以高出市场价很多的价格签下了这份商务协议。

思考:张春生谈判失败的原因何在?从商务谈判礼仪的角度分析张春生有哪些行为不符合礼仪要求?

案例2

小张今年大学毕业,刚到一家外贸公司工作,经理就交给他一项任务,让他负责接待最近将到公司的一个法国谈判小组,经理说这笔交易很重要,让他好好接待。

小张一想这还不容易,大学时经常接待外地同学,难度不大。于是他粗略地想了一下接待顺序,就准备开始他的接待。小张提前打电话和法国人核实了一下来的人数、乘坐的航班以及到达的时间。然后,小张向单位要了一辆车,用打印机打了一张A4纸的接待牌,还特意买了一套新衣服,到花店订了一束花。小张暗自得意,一切都在有条不紊地进行。

到了对方来的那一天,小张准时到达了机场,谁知对方左等不来右等也不来。他左右看了一下,有几位老外比他还倒霉,等人接比他等得还久。他想,该不会就是这几位吧?于是又竖了竖手中的接待牌,对方没有反应。等人群散去很久,小张仍然没有接到。于是,小张去问询处问了一下,问询处说该国际航班飞机提前15分钟降落。小张怕弄岔了,赶紧打电话回公司,公司回答说没有人来。小张只好接着等,周围只剩下那几位老外了,他想问一问也好。谁知一询问,就是这几位。小张赶紧道歉,并献上一大束黄菊花,对方的女士看看他,一副很尴尬的样子接受了鲜花。接着,小张引导客人上车,客人们便大包小包地上了车。

小张让司机把车直接开到公司指定的酒店,谁知因为旅游旺季,酒店早已客满,而小张没有预定,当然没有房间。小张只好把他们一行拉到一个离公司较远的酒店,这家条件要差一些,至此,对方已露出非常不快的神情。小张把他们送到房间。一心想将功补过的他决定和客人好好聊聊,这样可以让他们消消气,谁知在客人房间待了半个多小时,对方已经有点不耐烦了。小张一看,好像又吃力又不讨好,以前同学来我们都聊通宵呢!于是小张告辞,并和他们约定晚上七点在饭店大厅等,公司经理准备宴请他们。

到了晚上七点,小张在大厅等,谁知又没等到。小张只好请服务员去通知法国人,就这样,七点半人才陆续来齐。小张想,法国人怎么这么睡眠必报,非得让我等。到了宴会地点,经理已经在宴会大厅门口准备迎接客人,小张一见,赶紧给双方做了介绍,双方寒暄后进入宴席。小张一看宴会桌,不免有些得意:幸亏我提前做了准备,把他们都排好了座位,这样总万无一失了吧。谁知经理一看对方的主谈人正准备坐下,赶紧请对方到正对大门的座位,让小张坐到刚才那个背对大门的座位,并狠狠瞪了小张一眼。小张有点莫名其妙,心想:怎么又错了吗?突然,有位客人问:"我的座位在哪里?"原来小张忙中出错,把他的名字给漏了。法国人露出了一副很不高兴的样子。好在经理赶紧打圆场,神情愉快地和对方聊起一些趣事,对方这才不再板面孔。一心想弥补的小张在席间决定陪客人好吃好喝,频繁敬酒,弄得对方有点尴尬,经理及时制止了小张。席间,小张还发现自己点的饭店的招牌菜辣炒泥鳅,对方几乎没动,小张拼命劝对方尝尝,经理脸露愠色地告诉小张不要劝,小张不知自己又错在哪里。好在健谈的经理在席间和客人谈得很愉快,客人很快忘记了这些小插曲。等双方散席后,经理当夜更换了负责接待的人员,并对小张说:"你差点坏了我的大事,从明天起,请你另谋高就。"小张就这样被炒了鱿鱼,但他仍然不明白自己究竟错在哪里?

问题讨论:本案例中小张究竟错在哪里?作为一名优秀的商务谈判人员,在整个商务谈判的过程中应该注意哪些基本的礼仪?

二、模拟训练

项目1　开局谈判训练

实训目标:掌握谈判开局中的相关礼仪。

实训学时:2学时。

实训地点:商务谈判实训室。

实训准备:三至五张谈判桌,规范着装,提前准备案例情景。

实训方法:学生分小组进行谈判训练,包括实训场地的布置,实训座位的安排,谈判开局情景的模拟。

项目2　谈判过程礼仪训练

实训目标:掌握谈判过程中的相关礼仪。

实训学时:2学时。

实训地点:商务谈判实训室。

实训准备:三至五张谈判桌,规范着装,提前准备案例情景。

实训方法:学生分小组进行谈判训练,包括实训场地的布置,实训座位的安排,谈判过程(开局、报价、查询、磋商、解决矛盾、处理冷场、成交)。

项目3　签字仪式的礼仪训练

实训目标：掌握签字仪式的礼仪规范。

实训学时：2学时。

实训地点：商务谈判实训室或礼仪实训室。

实训准备：实训室、签字桌、合同文本、签字笔、"香槟酒"、高脚酒杯、服饰规范。

实训方法：签字桌的摆放，主签字人与助签字人及其他人员的入场、签字、握手、鼓掌、共饮香槟酒。

课后练习题

任务3　商务推销礼仪

 感　言

1. 销售行业占据着高薪收入排行榜的第一位，80%的老板都是从销售员做起的。
2. 只有当顾客真正喜欢你，相信你，才会开始选择你的产品。
3. 推销过程中，最重要的就是建立信赖感。

 任务目标

1. 了解推销的含义，明确推销对推动经济发展的影响；
2. 明白现场销售礼仪对销售成败的意义；
3. 熟悉现场销售和人员推销的程序；
4. 识记现场销售礼仪和人员推销礼仪的注意事项；
5. 识记现场销售礼仪的具体要求；
6. 记住人员推销各个阶段的礼仪要求；
7. 学会根据礼仪规范进行现场销售和上门推销；
8. 培养学生热情待客、礼貌待客、真诚待客的意识和习惯。

 案例导入

　　盛夏的一天，张太太家的门铃突然响了，正在家中做家务的张太太打开门一看，迎面站着的是一位戴墨镜的年轻男子，但却不认识。于是张太太狐疑地问："你是？"这位男士也不摘下墨镜，而是从口袋里摸出一张名片，递给张太太："我是保险公司的，专门负责这一地区的业务。"张太太接过名片一看,确实是推销员,但却打心底让她反感,便说:"对不起,我不买保险。"说着就要关门。这位男士动作却很敏捷,已将一只脚迈进门内。"你们家房子装修得这么漂亮,真令人羡慕,可是天有不测风云,万一发生个火灾什么的,重新装修,势必要花费很多钱,倒不如你现在就买份保险……"张太太越听越气,光天化日之下,竟然有人来诅咒她的房子,于是硬把这个年轻男子赶了出去。

思考:这位保险推销员为什么失败?如果是你,你该怎样做?

基础知识

一、推销与推销礼仪

推销是指推销人员通过帮助或说服等手段,促使顾客采取购买行为的活动过程。

推销的历史十分悠久,当人类社会第一次出现商品这个概念时,推销就应运而生了,它与商品同呼吸、共命运,可以这样说,推销伴随着商品的产生而产生,并伴随着商品的发展而发展,商品生产越发达,推销就越重要。

在推销工作中,礼仪是推销员的名片,顾客由推销员的礼仪而知其修养,产生信任与否、喜爱与否、接纳与否,从而决定是否购买其推销的产品。成交是推销基本成功的标志,但并非意味着推销工作的结束,因为即使达成交易,对方也会更改意见,这时就要看你的礼仪表现了。那么什么是推销礼仪呢?

推销礼仪是指在推销活动中形成的,并得到推销人员和顾客共同认可的礼节和仪式,是推销活动的一种行为规范。

从推销礼仪的角度来讲,推销商品应该做到以下三点:

(1)需求满足。顾客购买某产品的过程中需求是多样化的,不仅要购买产品获得物质的满足,更要购买服务、态度,获得精神上的满足。推销员应该用规范的礼仪来帮助顾客获得此种满足。

(2)双赢活动。成功的推销是双赢。推销员得到利润,顾客得到了产品利益,皆大欢喜。但是这种双赢必须建立在诚信的基础上,推销的第一原则就是要诚实,道德是推销成功的基础。这就要求推销员杜绝欺骗行为,按照社会的道德规范行事,表现出善意、谦虚、诚实的良好品德。有人说优秀的推销员就是向乞丐推销防盗门,向和尚推销生发精,向秃子推销梳子,向盲人推销电灯泡的人,这种观点显然是不对的。

(3)顾客至上。在推销活动中必须处处体现出"顾客是上帝"的服务理念。推销员必须时刻站在顾客的立场考虑问题,对顾客报以最大的热情,表现出热情、友好、乐于助人,将满足顾客需求作为推销员的最大追求。

二、现场销售礼仪

(一)现场销售礼仪的意义

随着社会的发展、市场经济的不断完善,企业之间的竞争越来越激烈,竞争由价格竞争这种硬实力的竞争转向了服务、质量的提升等软实力的竞争。销售技巧、销售礼仪等引起了商业企业广泛的关注。特别是现场销售礼仪,它可以塑造销售人员完美的个人形象,给顾客留下良好的第一印象,让销售人员在销售之前就能赢得顾客的好感。销售礼仪同时贯穿于销售的每个环节,它可以帮助销售人员从细节上分析顾客心理,从而在和顾客打交道时更加得心应手。销售礼仪更能让销售人员在和顾客打交道中赢得顾客的好感与尊重。可见,销售礼仪在销售中就是完善自身的点金棒、和顾客交往的润滑剂、成功交易的催化剂。

(二)现场销售的流程

商业企业日常经营中,最重要的就是现场销售商品,一切活动都围绕销售做文章。商品销售要取得成功,主要靠的是销售人员严格执行销售流程和销售活动中的各种礼仪规范。现场销售流程依次有:主动接近顾客、主动促成交易、处理顾客异议、办理交易手续、跟进与道别。

(三)现场销售礼仪的具体要求

1. 文明待客

销售人员在现场销售时要说好"三声"。

(1) 来有迎声。销售人员在自己的工作岗位上接待来宾时要具有强烈的主人翁意识,看到顾客进来应主动打招呼或问候对方。如:"欢迎光临""您好""早晨好""新年好""请问我能帮您做点什么?""请问您需要点什么?"

(2) 问有答声。销售人员面对客人要有问必答,耐心细致,热情礼貌,不厌其烦。

(3) 去有送声。当客人离去时,不论对方有没有主动与你道别,不论双方洽谈是否成功,销售人员都要主动与对方道别致意,例如:"谢谢光临""您慢走""欢迎下次再来"。

2. 礼貌待客

要求销售人员在待客过程中学会礼貌用语,具体地讲就是要用好"五语"。

(1) 问候语。面对客人时应主动问候,因为主动问候别人是对别人尊重的一种表示。一般问候语:"您好""你好"。时效性问候:"早上好""周末好""国庆快乐""圣诞快乐""新年好"。

(2) 请求语。需要别人帮助、理解、支持、配合自己的时候一个"请"字不能少。例:"请慢用""请稍候""请坐""请随意挑选""这边请"。

(3) 感谢语。得到他人帮助理解、支持时必须使用感谢语:"谢谢!"当别人帮助我们、理解我们、支持我们、配合我们之后,一定要养成一个主动向对方道谢的习惯,感恩之心常存是做人的一种基本教养。例如客人付费时就必须向对方道谢。

(4) 道歉语。打扰、怠慢他人时,需要向对方说"抱歉"或"对不起"。例:"对不起,请让一下。""很抱歉,这种品牌的车暂时缺货,要不您留下电话号码,等货来了我立即通知您,好吗?"

(5) 道别语。当交往对象告别时,应主动向对方说"再见""慢走",无论谈话是否卓有成效,无论生意是否做成,与客人告别时,都应牢记使用道别用语。

3. 热情待客

接待来宾时,光有文明与礼貌还远远不够,更重要的是应当表现热情,真心实意,从接待礼仪的角度而言,热情待客有下列三个可操作的环节必须注意,即:眼到、口到、意到,此为"热情三到"。

（1）眼到。接待来宾时,一定到目视对方,面带微笑,注意与对方眼神的交流。一般看对方两眼与下巴间的三角区,散点柔视,对视的时间一般为谈话时间的30%~60%。

（2）口到。待客之语,要让对方听清楚、听得懂。要讲普通话,避免沟通脱节。音量适中,语速较慢。

（3）意到。表情、神态要热情、友善而专注。注重与交往对象互动,如客户不高兴,你就不能兴高采烈;对方遇上喜事,你要与他一起分享。

（四）现场销售礼仪的注意事项

销售人员直接面对顾客,他们的言行举止对顾客有很大的影响,因此,整个销售活动过程中销售人员与顾客交往要注意以下几点:

1. 仪表得体、举止优雅

如前所述,销售人员的仪表影响到顾客对你的第一印象,得体的仪表,优雅的举止会让顾客喜欢你、信任你。营销专家认为,销售产品之前首先要销售自己。因为顾客首先接受的是销售人员,然后才会接受产品。

某报社记者吴先生为做一次重要采访,下榻于北京某饭店。经过连续几日的辛苦采访,终于圆满完成任务。吴先生与二位同事打算庆祝一下,当他们来到餐厅,接待他们的是一位五官清秀的服务员,接待服务工作做得很好,可是她面无血色,显得无精打采。吴先生一看到她就觉得没了刚才的好心情,仔细留意才发现,原来这位服务员没有化工作淡妆,在餐厅昏黄的灯光下显得病态十足,这又怎能让客人看了有好心情就餐呢？当开始上菜时,吴先生又突然看到传菜员涂的指甲油缺了一块,当下吴先生第一个反应就是:"不知是不是掉入我的菜里了？"但为了不惊扰其他客人用餐,吴先生没有将他的怀疑说出来。但这顿饭吃得吴先生心里总不舒服。最后,他们唤柜台内服务员结账,而服务员却一直对着反光玻璃墙面修饰自己的妆容,丝毫没注意到客人的需要,到本次用餐结束,吴先生对该饭店的服务十分不满。

思考:在该案例中,服务员的仪表有哪些不符合要求？

2. 称呼礼貌,热情友好

销售人员必须记住,要对顾客采用敬称,对于认识的顾客可以按职务职称相称,就高不就低,如张经理、李主任、陈教授。对于不认识的顾客可以用泛称,如先生、女士,也可以用代词称,如"您"。同时态度热情友好,尊重每一个顾客、重视每一位顾客,这是将潜在顾客变成现实顾客的必由之路。特别提醒销售人员注意的是:一不可以以貌取人,即看到穿着随意的顾客就认为他买不起你所销售的商品而对其态度冷淡。二是不可以厚此薄彼,对"买客"热情周到,而对"看客""游客"就视而不见或爱理不理。要知道"看客""游客"也是你的潜在顾客,穿着档次不高的人说不定是消费能力特别强的顾客。退一万步讲,即使他们不购买商品也应该一视同仁。

3. 细心观察，耐心倾听

细心观察是推销人员的一项技能，当顾客走进来时，要细心观察他的眼睛、他的嘴唇、他的表情、他所关注的商品，在仔细观察后，判断准顾客的类型、喜好，并确定自己的销售方法和销售技巧。销售人员还要学会倾听，一些推销员认为，做买卖应当有个"商人嘴"，因此，口若悬河，滔滔不绝，顾客几乎没有表达意见的机会，这是错误的。认真倾听顾客谈话，是成功的秘诀之一。美国的推销大师乔·吉拉德认为："当别人说话时，你要全神贯注地倾听。看着对方的脸，听着他的声音。你越善于倾听，说话的人越信任你。"日本"推销之神"原一平说过："就推销而言，善听比善说更重要。"倾听顾客谈话，一是能够赢得顾客好感。推销员成为顾客的忠实听众，顾客就会把你引以为知己。反之，推销员对顾客谈话心不在焉，或冒昧打断顾客谈话，或一味啰啰唆唆，不给顾客发表意见的机会，就会引起顾客反感。二是推销员可以从顾客的述说中把握顾客的心理，知道顾客需要什么，关心什么，担心什么。推销员了解顾客心理，就会增加说服的针对性。三是可以减少或避免失误。话说得太多，总会说出蠢话来。少说多听是避免失误的好方法。

认真倾听需要技巧。一是要注意神情专注，并时常与顾客交流目光，用点头示意或用手势鼓励其说下去；二是要注意表情应随顾客讲话的情绪变化而变化；三是要有足够的耐心，不厌其烦；四是要认真分析，理清顾客的要求。

乔·吉拉德是当今美国排名第一的汽车推销员。有一次，一位名人向乔买车，乔向他推荐一款新型车，眼看就要成交了，对方突然决定不买了。对方为什么突然变卦？乔百思不解。到了晚间九点，他忍不住拨了个电话给买主。

买主对他说："今天下午你并没有用心听我说话。我提到儿子即将进大学就读，我还提到儿子的运动成绩与他将来的抱负，我以他为荣，但你并没任何反应。"乔不记得对方曾说过这些事，因为当时他根本没注意听。对方又说："我看得出来，你正在与另一名推销员讲笑话，这就是你失败的原因。"

从这件事，乔得到两点宝贵的教训：

一是"听"，这实在太重要了。由于一时的疏忽，没重视对方谈话的内容，没重视对方有一位值得自豪的公子，因而触怒对方，失去一笔生意。

二是推销产品之前，要先把自己"推销"出去，对方要买一部新车，而产品又正合他意，可是他没买，因为他虽然喜欢这部车，但他不喜欢你这个人。

4. 尊重顾客，用语巧妙

在销售过程中，销售人员要处处正确使用服务语言。销售人员要特别注意词语的选择和表达。如果能预先做好销售语言的练习、积累，将有助于赢得顾客的好感，达到最佳的销售效果。

5. 真诚待客，服务周到

在商业推销服务过程中，难免会遇到购销不畅的事情，有时顾客还可能不高兴。如果处理不当，不仅顾客对推销人员的印象不佳，而且还会影响商店的形象。若处理得当，则能收到事半功倍的效果。我们可从以下事例中得到一些启示。

某市有位优秀营业员,一次接待一位年近花甲的老大娘买牙刷。老大娘买了两把牙刷后,营业员忙着接待另一顾客,老大娘在道谢后忘记付钱就往外走。

营业员侧头看到这种情况,便略提高声音,十分亲切地说:"大娘!你看……"老大娘以为什么东西忘在柜台上了便返回来,营业员举着手里的包装纸说:"大娘,真对不起您老人家,您看我忘了把您的牙刷包好了,让您那么拿着容易落上灰尘,多不卫生,这是入口的东西呀。"说着,接过大娘的牙刷熟练地包装起来,边包装边说:"大娘,这牙刷每支四角八分,两支共九角六分。""呀!你看看,我还忘记给钱了,真对不起!""大娘,我妈也有您这么大年纪了,她也什么都好忘!没事的。"

三、人员推销礼仪

(一)人员推销的含义

人员推销是指企业通过派出销售人员与一个或多个可能成为购买者的人交谈,说服购买者购买某种商品和劳务的过程。

人员推销是一项专业性很强的工作,是一种互利互惠的推销行动,它必须能同时满足买卖双方的不同需求,解决各自不同的问题。人员推销不仅是卖的过程,而且是买的过程,即帮助顾客购买的过程。推销人员只有将推销工作理解为顾客的购买工作,才能使推销工作进行得卓有成效,达到双方满意的目的。为顾客服务不仅是推销人员的口号和愿望,而且也是推销人员本身的工作要求。换句话说,人员推销不是推销产品本身,而是推销产品的使用价值和实际利益。顾客不是购买产品实体而是购买某种需要。推销员不是推销单纯的产品,而是推销一种可以解决某些问题的方案。能否成功地将产品解释为顾客需要的满足,成为解决顾客问题的方案,是推销成败的关键因素。

人员推销是一种专业性和技术性很强的工作。它要求推销人员具备良好的政治素质、业务素质和心理素质,以及吃苦耐劳、坚忍不拔的工作精神和毅力。

人员推销是一种具有很多人为因素的、独特的促销手段。因此,推销活动中要注意推销礼仪。推销人员只有熟练掌握推销礼仪才能在推销过程中得心应手,事半功倍。

(二)人员推销的程序

人员推销的程序依次是:推销对象的选择、顾客资格鉴定、约见准顾客、接近准顾客、推销面谈、顾客异议处理、成交、成交后的跟踪。如图3-7所示。

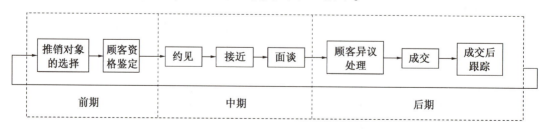

图3-7 人员推销的程序

（三）推销人员在推销过程的各阶段应遵守的礼仪

1. 推销接近的礼仪

推销人员确定推销对象后,要尽量做到"知己知彼,百战不殆",利用各种资料与方法分析顾客的情况,准备接触顾客。

（1）留给顾客良好的第一印象。美国某大公司的总裁说过:"我接见推销员时,第一眼是初见面12英尺的观察,接着是坐定后12英寸的仔细观察,最后是开口后最先12个字组成的第一句话。我以这三条原则来断定这个推销员,也决定商品的交易。"这位总裁的话初听起来似乎过于偏颇与武断,但仔细琢磨却又不无道理。因为,在人际交往中,最初的印象也就是第一印象具有很重要的作用。它往往能左右人以后印象的好坏(首应效应)。所以推销员要想如愿地推销商品,首先要成功地推销自己,而成功地推销自己就必须留给顾客良好的第一印象。当推销员在拜访顾客尤其是初次拜访顾客时,必须努力使自己的服装整洁大方,言谈举止得体,待人热情礼貌,给人一种稳重精干的印象,为下面的推销打下良好的基础。

（2）缩短与顾客的心理距离。推销员与顾客初次见面,双方的心理距离很大。对初次见面的推销员,顾客往往有本能的反感,心里常常会揣测:对方是什么人？找我有什么企图？会不会设什么圈套？该不该和他认识？等等。因此推销员与顾客接触以后,应尽快缩短与顾客的心理距离,积极创造有利沟通的气氛和环境。具体地说,一要真诚地向顾客表示关心。表示对顾客关心的话题很多,如工作、事业、家庭、孩子、身体等。这种关心应该是真诚的,发自内心的。真诚的关心会使顾客丢掉戒心。二不要放过称赞顾客的机会。当然这种称赞要适当,既要看准对象,又要讲究方式和分寸。例如,一位母亲带着一长相并不好看的小孩,你说:"这个小孩真可爱。"母亲很高兴。你如果说:"这个孩子真漂亮。"母亲会认为你讽刺她,因而引起反感。三要利用契机。例如,一个推销员到一个商场推销商品,正逢售货员与顾客发生纠纷。推销员立即上前劝解,好言把顾客劝走,为售货员解了围。后来当推销员与这位售货员洽谈业务时,谈得非常投机,很快达成交易,并为双方之间建立长期业务关系打下了基础。

（3）心平气和地面对拒绝。有人说:"推销由遭到拒绝而开始。"这是非常辩证的。只要从事推销活动,就不免会遭到拒绝。很少有当你刚上门推销,对方就说"你来得正好,我正急需要你的产品呢"之类的巧合。推销人员的工作就是即使对方摆出一副拒绝的架势,也要勇敢大方地作自我介绍,然后根据对方的拒绝采取相应的对策。心平气和、从容不迫无疑是推销员应有的态度。遭到拒绝时,仍应保持微笑,目光正视顾客,说声谢谢,彬彬有礼地告辞,不要一遇到拒绝就沮丧失望,心浮气躁。要不断总结各种不同的拒绝理由和方式,准备今后的对策。

2. 说服顾客的礼仪

顾客要购买商品,必须首先产生购买欲望,然后才有购买的行动。这种欲望的产生,需要推销员的推波助澜。推销员使顾客产生购买欲望的根本途径是说服,在说服时也要讲究礼仪。

（1）对商品充满信心。推销人员首先要对自己所推销的商品或服务充满信心,先打动自己,然后才能热情洋溢地打动别人。推销人员要坚信,自己的商品可能不是同类产品中最优秀的,但对某些顾客来说,却是最合适的,是最值得他们花钱购买的。有了这种信心,推销员才能理直气壮地说服顾客。

(2)强调顾客利益。推销就是说服。推销员在说服顾客时,应从顾客的角度出发,着重强调购买该项商品或服务能给他带来的实际利益,以激发他的心理需求。

(3)展示胜过语言。到了一定阶段,推销员可以让顾客主动地考察或做示范,让商品自己讲话,如果有条件,可以让顾客亲自操作和试用,顾客亲自验证后留下的印象会更深刻。推销中的展示可使交易气氛显得更为融洽,有助于进一步激起顾客的兴趣和购买欲望。

(4)善于倾听顾客意见。推销员要善于倾听顾客的意见,这不仅会让顾客感到你对他的尊重,还可以从中得到有益的行动提示,如顾客的心理状态和需求如何、推销是否成功、何时结束为佳、还需要做哪些说明工作等。国际倾听协会的创始人莱曼·斯泰尔博士曾提出这样一个公式:$L = A \times W^2$。这里的 L 为倾听,A 为能力,W 为意愿。即倾听的作用,相当于一个人能力与意愿的平方的乘积。这就是著名的斯泰尔定律。美国某研究机构的研究也表明,世界上最成功的推销员都是善于倾听的人。

(5)注意自己的体态语言。心理学家认为,人们通过体态语言传递的信息要远远大于有声语言。所以推销人员要正确运用眼神、表情、动作来展示自己对所推销产品的信心、对顾客的利益的诚心、对顾客本人的热心。如说话时要面带微笑、目视顾客;在演示、示范中动作要熟练、准确,干净利索;打开精美包装时要仔细小心,双手托起展示,这会让顾客感到你对产品很重视、很爱护。创造产品在顾客心目中的价值感,无形中增加了产品的形象分量。

3. 处理异议的礼仪

所谓异议,就是不同或反对的意见。顾客异议,是顾客对推销意向的不同或否定的看法。在推销过程中,顾客往往会提出各种各样的购买异议,包括需求异议、价格异议、产品异议、服务异议、购买时间异议以及对销售员及其所代表的企业有异议等。推销员只有正确地认识和把握顾客异议,并针对不同类型的顾客异议,采取不同的策略、方法、技巧,有礼貌地加以处理、转化,才能最终说服顾客。

(1)处理异议的原则。顾客异议是一种正常现象,也是一种购买信号。从实质上看,顾客提出异议,正是对产品或服务产生了注意和兴趣,看都不愿意看一眼,何来异议?所以当顾客提出异议时,推销员应表示欢迎,并抓住这个机会,把产品的功能、特征及商品的使用价值,解释得更清楚。具体地说,要注意以下几点:

① 尊重顾客异议。尊重顾客异议,首先要求推销员欢迎顾客提出异议,并对顾客异议做出令人满意的解答。不可一遇到异议,就满脸不悦,急躁厌烦,认为是故意找茬,甚至不等别人把话说完,就粗暴地进行辩解。正确的做法应该是认真倾听异议的内容,仔细分析提出异议的原因,然后抓住时机表明自己的观点,说服顾客重新认识。

② 绝不与顾客争吵。面对异议,推销者正确的做法是说服顾客,而不是去驳倒顾客,与顾客争吵是极不高明的做法,是无礼无知的失策行为,有损于推销工作的顺利进行。

③ 排解异议留体面。在排解异议的过程中,给顾客留有余地,让顾客不失体面,才能使顾客心悦诚服地自我否定,乐意与你合作,这就要靠推销者良好的礼仪风貌和真心实意的态度;反之,得理不让人,或说风凉话,会使顾客难堪,更加固执己见,难以说服。要记住让顾客尴尬就是让自己难堪。

(2)处理异议的时机和方法。

①先于顾客开口,不让异议成真。经验丰富的推销员大多能预测到顾客可能提出哪些异议。在推销过程中,一旦察觉到顾客即将提出这些异议,推销员可以主动提前讲出他要提的问题,然后加以解释。如推销高压锅时,先于顾客提出防爆安全问题。这样做,比等顾客提出后,再被动解释要好得多。既减少了推销难度,又体现了为顾客着想的精神,必然提升顾客对你的信任。

②及时解答顾客的问题,不让异议成堆。对于顾客的每一个异议,都不能不置可否,否则会使顾客认为你不尊重他。如果不直接作答或吞吞吐吐,会让顾客怀疑你的介绍,动摇购买意愿。异议积压过多,也会使顾客疑虑加重,改变原先购买的想法。这就要求随问随答,一方面是尊重顾客,另一方面也可以展示自己对业务的熟悉,以增强顾客的购买信心。

③讲究解答技巧。有的异议,推销者应稍做思考之后,再向顾客解释,这样效果会更好。一些关键性的数字、指标或技术性问题,如果不加思考,随口报来,会显得不够慎重,敷衍了事。如果查一下资料,电话请教一下专家再回答顾客,他会感谢你的慎重和认真。另外对顾客异议的实质性内容尚未完全明了,也不宜断章取义,马上回答,而应向顾客多问几句,回答才能有的放矢。回答速度也要注意不要过急过快,以免引起顾客疑心,怀疑你急于成交。

当然,有时推销品确实存在着顾客所产生异议的缺点,这时,推销人员不能弄虚作假欺骗顾客,也不能强词夺理糊弄顾客,而可以利用商品的其他优点来补偿或抵销其有异议的缺点,换取顾客的心理平衡。

4. 促成交易的礼仪

推销过程,艰苦而有乐趣,成交是整个推销工作的核心和目的。越是接近成交,越要小心谨慎。在最后关头,推销员的礼仪素养对于促进购买决策、实施购买行为、达成最后交易至关重要。

(1) 帮助客户决定。在顾客犹豫不决的关键时刻,如果不推上一把,往往会错失良机。这时可适当地加以敦促,让顾客觉得机会难得,必须立刻付诸行动。

(2) 尽量谨慎言语。成交阶段,如果沾沾自喜,啰啰唆唆,会使顾客心生厌烦与疑虑,毕竟言多必失。如"今天算你找对了人""听我的话,保你不会上当"等。话说得太多,一是顾客没有独立思考的时间,有被逼迫的感觉;二是也会由于偶然失口,造成顾客在成交上退却,节外生枝,再度掀起释疑的迂回工作。

(3) 保持常态神情。经过努力,交易达成在即,推销者往往会不自觉地表现出兴奋的神情,甚至喜形于色,这会让顾客觉得自己上当受骗,从而引起顾客的疑虑和不信任,以致影响交易的成功。因此,越到紧要关头,推销员越要善于稳定情绪,做到从容不迫,彬彬有礼。

(4) 做好售后服务。交易成功后,推销员应做好售后服务工作。比如尽量帮助或陪同顾客搬运货物。如需要安装、调试的,应亲自或派人为顾客做好安装、调试工作。如有保修承诺的,应介绍保修地点和期限,代办好保修手续等。推销员还可以留下自己的联系地址和电话号码,表示愿意随时为顾客提供服务。最后热情周到地礼别顾客,这既是文明礼貌的表现,也为个人乃至企业的形象添上光彩的一笔。

(四) 人员推销礼仪的注意事项

1. 仪表整洁,举止优雅

如前所述,人们对一个人的第一印象来自仪表。作为推销人员,一定要做到仪容整洁、仪态优雅、服饰得体、表情亲切，常常面带微笑。只有这样才能赢得顾客的喜欢进而获得顾客的信任。

心理学家经过科学研究，总结出两种心理现象，一个是首因效应，一个是晕轮效应。人与人在第一次交往中给人留下的印象，往往会在对方的头脑中形成并占据着主导地位，这种效应即为首因效应。我们常说的"给人留下一个好印象"，一般就是指的第一印象。晕轮效应中的晕轮原是指太阳周围有时出现一种光圈，远远看上去，太阳好像扩大了许多。晕轮效应反映在人的心理活动方面则表现为：人对某事或某人好与不好的知觉印象会扩大到其他方面。根据首因效应与晕轮效应，销售人员要取得好的销售效果，就必须首先塑造好良好的个人形象。

有人说："服装是推销员的推销员，服装是推销员的名片和徽章，服装左右着推销员的事业。"佛朗哥·贝德格认为，初次见面给人印象的90%产生于服装。一般来说，衣着打扮直接反映出一个人的修养、气质和情操。穿戴整齐、干净利落的销售人员容易获得顾客的信任和好感。

销售员仪表的要求是：整洁、挺括、得体、协调。

男士推销员仪表规范：服装得体，规范整洁，整体协调；头发整洁，长短刚好，不烫发；不留胡子；鬓角不过耳；尽可能带一个贵重的公文包，不提手袋；身上只有两件闪亮的东西，就是左脚上的皮鞋和右脚上的皮鞋；除非结婚戴金戒指，勿戴其他首饰；勿搽香水。

女士推销员仪表规范：服装宜着套装且单色，裙子应以膝盖下方为宜，不穿金戴银，服装单调时，可用小件首饰及围巾来增添色彩，但不能喧宾夺主。丝袜必须是肉色长筒丝袜或连袜裤，不可穿网袜，也不可以出现"三截腿"。可以穿高跟鞋，但鞋跟不超过2寸；可以搽点香水，但香水不可以太浓。必须化工作妆，这是对客人的尊敬，但不可化浓妆，不可残妆示人，亦不可当众化妆。

2. 守时守约，文明礼貌

推销人员约见客户时一定要守时守约，一般说来，推销员若与顾客约定了拜访时间，就一定要严格遵守，如期而至，不要迟到，也不要过早到达，更不能无故失约。一般来讲，推销人员到达时间应该是约定时间的正负5分钟。如果有紧急的事情，或者遇到了交通阻塞，立刻通知你要见的人。如果打不了电话，请别人替你通知一下。如果是对方要晚点到，你要充分利用剩余的时间，例如坐在一个离约会地点不远的地方，整理一下文件。

进门前应礼仪敲门，如有应声，再侧身隐立于右门框一侧，待门开时再向前迈半步，与主人相对，经允许后进屋。进门后主人不让座不能随便坐下。主人让座之后，要口称"谢谢"，然后采用规范的礼仪坐姿坐下。主人递上烟茶要双手接过并表示谢意。如果主人没有吸烟的习惯，要克制自己的烟瘾，尽量不吸，以示对主人习惯的尊重。主人献上果品，要等年长者或其他客人动手后，自己再取用。即使在最熟悉的朋友家里，也不要过于随便。跟主人谈话，语言要客气。即使和主人的意见不一致，也不要争论不休。对主人提供的帮助要适当地致以谢意。要注意观察主人的举止表情，适可而止。当主人有不耐烦或有心不在焉的表现时，应转换话题或口气；当主人有结束会见的表示时，应识趣地立即起身告辞。谈话时间不宜过长。起身告辞时，要向主人表示"打扰"之歉意。出门后，回身主动伸手与主人握别，说："请留步。"待主人留步后，走几步，再回首挥手致意："再见。"

3. 距离科学，入座有礼

推销员与顾客在交谈中所处的位置和距离如何，对推销的结果也或大或小地产生着微妙的影响。这种影响表现为对双方心理距离的影响。如前所述，人际交往中所处的空间距离可以分为4个层次：亲密距离、私人距离、社交距离和公众距离。显然，推销员与顾客进行交谈时，最适宜的空间距离应该在1.2~3.6米范围内，即社交距离，当然这一空间距离范围并不是硬性规定，具体的空间距离还得视推销员与顾客关系的密切程度来进行选择。

推销员应注意与顾客交谈时位置的安排，若位置安排恰当，就有利于推销谈话的进行。推销员与顾客同处一室，应把上座让给顾客。什么位置是上座呢？有两个扶手的沙发（或椅子）是上座，长沙发（或椅子）是下座；面对大门的是上座，接近门口处的位置是下座；靠墙壁的一方是上座，这在咖啡馆谈生意时尤为注意；在火车上，面对前进方向的是上座。当然，这些区分并不是硬性规定，但若推销员遵守了这些礼节，在一定程度上表示了对顾客的尊重和谦让之心，顾客会十分高兴，定会收到"投之以桃，报之以李"的效果。

4. 知识丰富，技能娴熟

知识改变命运，技能成就人生。推销人员只有掌握了丰富的知识，才能在推销过程中根据不同的顾客采取不同的推销技巧，运用得体的礼仪，建立与顾客的信任关系，让顾客放心地购买所推销的产品或服务。具体地说，推销人员应掌握的知识有：

（1）产品知识。包括产品的构造、性能、特点、价格、维修的知识以及与本产品相关产品的知识。

（2）企业知识。本企业的规章制度、定价策略、付款方式、促销手段等。

（3）市场营销知识。如营销策略与技巧、洽谈的技巧、合同签订等。

（4）心理学知识。

（5）社会百科知识。

（6）礼仪知识。

5. 职业敏感，善抓商机

推销人员平时要注意观察、留心身边的人、身边的事，随时随地发现准顾客，抓住任何可能的商机，促成交易。

塑料厂推销员小孙出差到武汉，在一家包子铺吃包子，他看到一位服务员正在给顾客用塑料袋装包子，那塑料袋被热包子烫得当时就漏了，顾客小心翼翼地好不容易放进包里勉强拿走了。小孙马上找到这家包子铺的老板，拿出自己厂里生产的塑料袋样品，直截了当地说："我厂新产品——背心袋，无毒、无味、结实，最适合装你们店的包子。"老板一看，这塑料袋很薄，有些不信。小孙马上叫他往塑料袋里装热包子。装好之后，小孙拿着袋子转了好几圈，塑料袋完好无损。之后，小孙又往塑料袋里装开水，还是没事。老板信服了。这家包子铺一次订了10万只塑料袋。

6. 讲究说话艺术，加强语言修养

对于推销人员来说，语言修养包括：引起顾客注意的语言艺术，介绍商品的语言艺术，诱导购买的语言艺术，消除疑虑的语言艺术，积极应变的语言艺术。推销人员的语言艺术修养好，对准确有效地传递推销信息、唤起注意、激发兴趣、促成交易、实现推销目的、维护良好的客户关系,都具有不可估量的作用。推销人员在推销过程中还要学会使用敬语、谦语和雅语,学会选择合适的语调,努力让顾客听起来舒服、愉快,乐于倾听,备感温暖。

知识链接

优秀的推销员必须具备的素质

推销员必须具备的能力

实训练习

一、案例分析

案例1

某公司招聘一名勤杂工。经理最后选择了一个其貌不扬的男生。其他职工很不理解:"为什么选中这个男孩?他既没有介绍信也没有人引荐。"经理说:"他带来了许多介绍信,他在门口蹭掉脚上的灰,进门后随手关上门,说明他做事小心仔细;当他看到那位残疾人时立即起身让座,说明他心地善良,体贴别人;进了办公室他先脱去帽子,回答我提出的问题干脆果断,证明他既懂礼貌又有教养;其他所有人都从我故意掉在地板上的那本书上迈过去,只有他俯身拣起那本书,并放回桌子上;当我和他交谈时我发现他衣着整洁,头发整齐,指甲干净。难道这不是最好的介绍信吗?"

讨论题:勤杂工在推销自己时究竟带了什么"介绍信"?

案例2

某市有一幢十几层的大厦需要几万平方米的地毯,这是一笔价值几十万元的生意,全国几十家地毯厂都盯上了这块肥肉,纷纷派人推销。一位推销员带着礼品去敲顾客的门。出乎意料的是,当一位老者开门看到他手中拿的东西时,立马将他拒之门外。推销员百思不得其解。第二天他了解到,这位倔强老头是一位"老革命",一身正气,两袖清风,对社会上的不正之风深恶痛绝,常教导青年人"革命的路该怎么走"。了解到这些情况后,推销员又再去拜访,当然没有忘记应该两手空空。见到老者后说:"我是一位刚参加工作的青年人,在工作生活上遇到许多困难不知该怎么处理,您是老前辈、老革命,有丰富的阅历,今天特来请教您。"一席话令老人十分高兴,忙请推销员坐下,然后"痛说革命家史",讲自己当年过五关斩六将、南征北战的光荣历史。老人侃侃而谈,推销员洗耳恭听。"话到投机情便深",两个人成了忘年交。最后的结果可想而知。

讨论题:

(1) 推销员第一次为什么被拒之门外?

(2) 这位推销员推销时采用了什么推销技巧?他的推销方法对你有什么启发?

案例3

一位化妆品推销员向一名中年妇女做推销。

推销员取出一瓶润肤膏:"这种润肤膏可防止皮肤干裂,您有兴趣吗?"

准顾客拿过润肤膏,审视着包装说明。

推销员:"如果希望随着年龄的增长仍然保持皮肤柔嫩的话,您就要使用润肤膏了。这种牌子的润肤膏效果很好,您打开盖子看看。"

准顾客拧开润肤膏瓶盖。

推销员:"您看,膏体油滑,气体幽香,最适合像您这种身份的女士了。影星×××就长期使用它,她40多岁了还像个青春少女。"她掏出一些照片,"喏,这里还有许多使用过这种润肤膏的女士们的照片。看看,她们个个都光彩照人"。

准顾客一边看照片,一边在思量。

推销员:"我看,您用这种润肤膏最合适不过了。"

准顾客:"好吧,我先买点试试。"

推销员把润肤膏递给顾客,收款。"谢谢您的光临,以后有需要随时来找我。"

请问:推销员在推销面谈中使用了哪些方法?效果如何?你还知道推销面谈中有哪些方法?

二、模拟训练

项目1 手机卖场推销场景模拟

实训目标:通过实训,让学生掌握门店推销的礼仪,并能根据不同顾客采用不同的推销技巧。

实训学时:2学时。

实训地点:实训室。

实训准备:摆放柜台,若干手机的摆放。

人物分工:销售员小张、小李、小王、小陈,旁白,摄像,顾客甲、乙、丙、丁。

实训方法:角色扮演法。

旁白:销售员小张总算大学毕业了,学市场营销专业的他应聘到某知名手机旗舰店,做起了销售员,这是手机专卖店营业中,上午发生的故事:

第一幕

小张出场:小张拿着抹布,认真地擦拭柜台,摆好价签,同时口中念叨:"营销人员一定要眼勤、口勤、手勤,视客人如家人,只要揣摩好顾客的心理,迎合顾客的需要,态度温柔点,就没有卖不出去的商品。"

顾客甲出场:穿着很朴素,衣服质地比较低廉,眼睛比较游离,进店前,看看门面,看看各个柜台,看了一眼小张,眼睛立马散开,看着小张柜面的手机,却迟迟没有上前,手一直下意识地捂着裤子的口袋。

小张先开口:"大叔,您买手机吗?想买什么价位的,需要有什么功能的?"

顾客甲:"啊?我就是想先看看,还没怎么想,想好。"眼睛却一直盯着某款手机。

小张:顺着顾客的眼光,拿出那台手机,"大叔,您先看看这个,这个是NOKIA5230,功能比较齐全,样式也不错,价钱也不贵,才600多元。"

顾客甲：眼睛盯着手机，却不敢接。

小张："大叔您先拿着看看嘛，买不买没关系的。"

顾客甲双手擦了擦裤子，很紧张地接过手机，瞧着外观，掂量着重量，"小伙子，这个手机都有哪些功能啊？"

小张："大叔您看，这个是NOKIA品牌的，声音洪亮，音质好，手机按键灵活，有MP3、MP4功能，摄像头像素虽然只有130万，拍起照来却很清晰，还带内存卡，手机上网也很方便，内置手机QQ，这个手机3个月前要900多呢，现在厂家才降价，而且您也知道NOKIA是手机中的大牌子，很耐用。"

顾客甲：不停地点着头，"嗯，就是觉得屏幕小了一点，我看有的介绍说的大屏也才500多元啊！"

小张："大叔，手机肯定是一分钱一分货，要想手机好用，您还得看牌子，您说的那种大屏幕的手机，才500多元的，那都是山寨手机，根本和品牌机器没办法比，手机'三包'，售后服务都很难说，万一您今天刚买个山寨机，用了不到一个月就坏掉了，那您可亏大了，手机用得时间长，才划算。"

顾客甲：手里拿着手机，没有说话。（顾客沉默表示什么？）

小张："大叔，我给您开票，请去那边交款。"用手示意交款的位置。

看到大叔拿着手机走远后，小张脸上又露出非常灿烂的笑容："哈哈，又成交一单。"

第二幕

旁白：销售员小陈这个月销售业绩一直不好，爸爸又得了重病，做手术也要花一大笔钱，虽然小陈努力工作，但是经常在销售中碰壁。这天来了一对老年夫妇要购买手机。

小陈："这年头，真是经济吃紧啊，都快月末了，我的任务还没完成，又得被扣工资了。"说着说着眼圈红了。

顾客老妇："老伴，你说要买什么样的手机啊，我这个手机实在旧得不能再用了，怎么也得换一个。"

顾客老头："我得好好看一下，现在的手机商净虚报价钱，恨不得掏空我们顾客的腰包，还好我在网上查了些价钱，要蒙我，哼，没门！"

小陈见到两人后，擦下眼角，强加笑容道："大爷，大妈，你们想看什么款式的手机啊？是大爷用，还是大妈用啊？我给你们推荐下。"

顾客老妇："姑娘，你看哪个便宜一点的，比较适合我用的，我年纪大了眼睛花。"

小陈："大妈，您看这款吧，这是我们促销的，虽然是新牌子，但是质量还不错，是大字的号码，特别适合上了年纪、眼睛有点花的老人使用，通话音质也好，按键非常方便。"

顾客老头："是杂牌的吧？别蒙我们老年人。"眼睛却转身看自己带的本子。

小陈："大爷，这个不是杂牌，是国产的××牌，知名度也很高，肯定耐用，看你们的年龄和我父母差不多，我怎么忍心骗你们呢？"

顾客老妇："看着小姑娘长得比较面善，我说老头子，就买小姑娘推荐的吧。"

小陈："谢谢您，大妈，我给你示范下它的功能吧……"

顾客老头："这款多少钱啊？"

小陈："大爷，这款是我们店里促销的，只要480元。"

顾客老妇："还不算贵，你看呢？"眼睛瞅着老头。

(老妇属于什么类型?)

顾客老头:"这也太高了吧,网上才要400元。"

(老头属于什么类型?)

小陈面露难色:"大爷,这个真是最低价,网上的东西售后很难保证,再说快递送来的东西,在路上很难不有个颠簸,加上运费其实和我们差不了多少,我们是正规直营店,质量三包,保修包换,我知道你们老人也想少花钱买好东西,这样吧,我可以给你们一个手机保护袋,套在手机外面防止刮花手机的,这个袋子是别款手机的赠品,在外面买也得要20元呢,说实话,我就是这个月任务没完成,才给您赠品的。"说着眼圈又要红了。

顾客老妇:"行了,老头子,就买姑娘说的这个吧,看着像自己孩子般大小,我看人错不了,这姑娘不像说假话的人。"

顾客老头:"行吧。"

小陈:"大妈,这个保修卡我帮您填好也放在盒子里了,手机您拿回去有什么问题,可随时来找我,欢迎你们再来,以后如果有什么赠品我再给您留一个。"

项目2　推销员上门推销

实训目标:掌握上门推销的技巧与礼仪。

实训学时:2学时。

实训地点:实训室。

实训准备:准备一间实训室,做成医院办公室。

实训方法:学生分角色扮演。

背景资料:某医院准备新建一幢住院楼。学生甲是医院后勤处王处长,在办公室办公。学生乙是推销员,要向王处长推销一种无苯墙纸涂料。王处长百般刁难,推销员耐心细致,巧妙运用各种推销技巧,最后取得了成功。

课后练习题

项目四

商务活动礼仪

任务1 会议礼仪

感 言

1. 礼者,人道之极也。——荀子
2. 学习会务礼仪知识,运用会务礼仪规范,对提高我们自身综合素质,展现企业良好形象具有非常重要的意义。

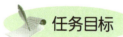
任务目标

1. 了解会议的基本流程及安排;
2. 掌握与会者的基本礼仪。

案例导入

李丽的公司要举办一次大型的国际性财务会议,邀请了很多商界知名人士和新闻媒体人士参加,李丽作为公司的财务人员被选为会议服务接待人员。由于早上睡过了头,李丽赶到会场时,会议已经开始,她急忙换好服装进入会场,开门进场的声音成了会议的焦点。刚站好不到五分钟,肃静的会场又响起了流行歌曲,原来是李丽的手机响了,这一下李丽又成了会场中的"明显"……听说没过多久,李丽就被请"另谋高就"了。

思考:李丽为什么被请"另谋高就"?

 **基础知识**

现代组织或机构往往要频繁地组织、举办各类会议或参加各类会议,会议在现代经营管理中具有无可替代的作用。因此,怎样筹备、组织、举办或参加会议,以及怎样做好会议的后续工作就成了公务中的重要内容。会议是一种以交际为主要手段的集会性活动,能解决组织机构面临的问题。人们通过在一起开会还能增进了解、树立形象、改善关系。如果会议组织者和与会者不能遵循礼仪,不能尊重、礼遇交际对象,必然会给对方留下不好的印象。因此,对于现代办公人员来说,学习并能在日常会务工作中遵循会务礼仪,非常重要。

那么,什么是会议呢?出于各种目的,有计划、有组织的集会就是会议。会议有广义和狭义两个范畴,最常用的"会议"一词,往往指那些以口头发言和书面交流为主的,有组织、有计划的沟通活动,属于狭义的会议范畴,又叫一般会议。广义的会议概念还包括以某种特定的行为活动为主体的集会,如展览会、新闻发布会、洽谈会、庆祝会等,这些又叫专题会议。

做好会务工作,首先强调的就是要有良好的礼仪意识,在礼仪意识指导下,才会有恰当得体的会务工作,才有利于取得理想的会议效果。会议礼仪是召开会议前、会议中、会议后及参会人应注意的事项,懂得会议礼仪对会议精神的执行有较大的促进作用。

一、会议组织过程的礼仪

会务工作是非常繁杂、具体的事务性工作,包括计划、组织、召开各类会议,以及会议的善后工作。要想取得会议的圆满成功,就必须确保会议的筹备、组织、召开、结束和善后的每一个环节都万无一失,确保细节到位。负责会务工作的人员从实质上说是会议的服务性人员,在认真组织、周密准备、妥善应对的同时,还须注意时时不忘会务礼仪,遵循礼仪规范。

(一) 会前准备

会议礼仪好比舞台音响,只有出问题时,你才会注意到它。会前准备是各项会议顺利举办的重要前提。在会议前的准备工作中,需要从以下几方面着手准备:

1. 确定议题

确定会议主题与议题要有切实的依据,必须要结合本单位的实际,要有明确的目的。议题是一个会议中首先产生的要素,会议的议题就是要通过会议讨论或贯彻执行的问题,议题引导、制约着会议活动的进行。会议筹备人员应该尽可能及时、周密地提出恰当的议题。

2. 建立会议组织机构

会议议题确定后必须马上建立会议组织机构,建立相关组织机构(包括会务组、宣传组、秘书组、文件组、接待组、保卫组等),确定具体的会议筹备人员及筹备人员的负责人选,由负责人员确定会议筹备小组成员,做好每一个筹备人员的具体分工,做到责任到人。会议准备期间、召开期间及结束过程中,每一个筹备人员都要做到尽职尽责、相互沟通、齐心协力,这是会议顺利进行的必备条件。

3. 确定与会人员

会议筹备人员在议题确定后应根据会议议题的内容、各部门的职责、领导的意图等因素拟定出应出席会议和列席会议有关人员的范围和名单,报领导审定。这项工作需尽早完成,以便能尽早通知与会人员,使其有充分的时间做准备,及时调整或安排工作,充分体现尊重与会人员的礼仪。

4. 确定会场

确定与会人员后要进行会场的选定和布置。会场的选定要考虑到出席的人数、交通、食宿、会议议程的氛围和性质、费用支出等要素。

会场的布置需根据会议的规模、规格和内容,营造或庄严、或热烈、或亲切、或隆重的氛围,遵循"以人为本"的理念。会议设施的配备要考虑是否需要电脑和视听设备,是否有可用的因特网接口,是否可以使用数字投影设备,灯光、音响、空调等设施是否齐全。有时要考虑政治、经济、环境等因素。图4-1、4-2、4-3 是会场布置的范例。

图 4-1　会场布置 1

5. 确定发言人选和次序

会议召开前要根据会议议题、目的确定发言人,遵循礼仪原则确定发言人的次序。从礼仪的角度而言,发言的人选要兼顾各方面、各部门;发言的次序安排要遵循发言者的身份、职务。若涉及宾主双方,要先主后宾。发言人选、次序要尽早确定,并报送有关领导审定。

图 4-2　会场布置 2

6. 制发会议通知

会议通知要提前下发,保证及时送达,并给与会者留有足够的时间做回复、拟定发言提纲、安排手头工作等准备,以确保准时参加会议。会议的时间、人员、地点一旦确定就要及时发出会议通知。常见的方法有文件或信函、传真、电话等。通知的内容包括会议名称、议题、会期、出席会议的对象、时间、地点、材料及与会要求、主办单位等。

图 4-3　会场布置 3

会议通知的拟写要遵循公文礼仪要求,选用规范格式,措辞礼貌真诚,用敬语。

7. 准备文件

会议文件一般由秘书人员准备,做到文字简练、内容丰富。规模较大的会议文件还包括开幕词、主题报告、大会决议、闭幕词等。会议文件一般在会前发给与会者,做到人手一份。

8. 制定会议证件

会议证件是与会人员、工作人员及其他相关人员的"身份证",在较大规模的会议上使用证件可以方便与会人员的识别、交流,保障会议安全。常见的会议证件包括工作证、代表证、通行证、采访证、出席证、来宾证等。图4-4、4-5、4-6为会议证件的范例。

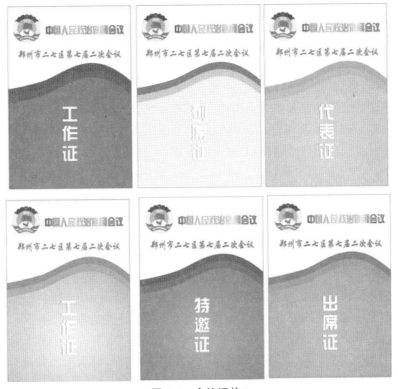

图4-4　会议证件1

图4-5　会议证件2

图4-6　会议证件3

9. 安排食宿

有些会议需要连续几天集中食宿,或有外地与会者参加,需要接待人员做好接待工作。接待人员要根据出席者的情况提前安排饮食、住宿,编订住宿安排方案,要充分考虑到与会者的职位、年龄、性别等问题;会议筹备人员还要考虑到会议期间车辆的使用、娱乐活动的安排等问题。

（二）会议期间的礼仪

会议召开期间，会务人员要按照会议的日程安排，依照会务礼仪要求，提前到达会场，做好会议期间的各项工作。

1. 提前布置，安排座席

会议召开之前，会务人员要提前到场，摆放鲜花、茶水，做好会场布置的检查工作，确保气氛营造、音响设备、灯光、宣传等各方面布置到位。在会议开始前30分钟左右打开空调，调好室温并保证适宜的湿度及空气的清新，尤其要做好灯光和音响的最后检测和调试。

会前的另外一项重要工作就是座位的安排及座席签的摆放。主席台的座位要按照级别、职务的不同，遵循中间高于两侧，右侧高于左侧，前排高于后排的原则安排。排好座位后要摆放座席签，以免入席者坐错位置。若主席台上有贵宾，按照惯例，贵宾席在主席台前排中央向右的第一个位子，若有多位贵宾，则由前排中央向右的第一个位置起依次排开。群众席可以根据需要自由择座，也可按照单位或组织指定区域统一就座。若有排座，则应在会场入口处放置指示牌。

2. 做好签到，发放资料

为方便统计到会人员，保障会议安全、顺利进行，规模较大、较正式的会议往往根据会期长短的不同，进行会议报到或签到工作。一般会期较长的会议要专设接待处办理报到登记手续，将签到工作、与会人员的食宿安排工作、会议资料及证件的收发工作、领取纪念品等工作同时完成。会期较短的会议只需要在会场入口处设立签到，有专人引导与会者签到，领取证件、会议文件和纪念品等。同时要及时准确地把出席、列席、缺席的人数统计出来，报告大会主持人。负责签到的工作人员应统一着装或佩带大会工作证，主动热情地上前问候与会者，并给予详细的指导和帮助，引导与会者进入会场、找到合适的座位。对于年老的与会者，要给予适当的搀扶、照顾。

3. 掌握会议动态

在会议进行期间，会议秘书要做好上下联络工作，收集与会者的反馈信息，并将意见及时反馈给大会负责人，同时要及时向各组传达领导或大会组织方面的相关要求、意见等事宜。

4. 做好会议记录

做好会议记录是会议期间的一项重要内容。不论会议规模大小，都需要认真做好会议记录，以做参考、备查。会议记录力求详尽，应包括会议时间、地点、主题、主持人、参会人数、记录人、发言人、决议等内容。

5. 安排退场

会议结束后，对于重要来宾，主办方还应安排专门的送别仪式，对于一般来宾可以根据需要安排拍照留念等活动。另外，为了缓解与会者紧张的生活，在会期较长的情况下，会议期间，可以适当安排文艺演出、进行体育活动或参观等活动。

6. 编写简报

会期较长的会议，一般要编写会议简报，以对会议的动态、过程及主要内容、反响等作简要报道。好的会议简报可以为与会者沟通信息、交流经验、传达意见提供方便，也可以有效地帮助会议组织方掌控会议。会议简报有会议进程简报、会议综合简报两种，要求内容真实,信息及时,富有创意,文字简洁。

(三)会后礼仪

要使整个会务工作圆满成功,会后的收尾工作也是不可忽视的。主要包括以下几个方面:

1. 形成会议文件

在会议结束阶段,一般要形成会议决议、会议纪要等文件,来贯彻落实会议精神。撰写文件应广泛征求代表的意见,以集思广益。会议闭幕前,要将这些起草好的决议、纪要整理提交会议,全体与会人员表决通过后才能作为正式的文件传达。

2. 做好送站工作

会议结束后,会议组织者应尽可能为全体与会者的返程提供一切便利。会议进行期间就要做好与会者订购、确认返程车票、机票、船票的工作,对于团队或年老的与会者,要安排送行人员和车辆,及时与负责行李的部门约定提取行李的时间,送行人员到达车站、码头、机场后,要妥善安排好客人的等候休息,待客人上车、船、机后再离开。此外,会议工作人员还要根据需要及时进行会议财务决算、物品清点、会场清理等工作。

3. 整理资料

在会议的筹备、召开和结束阶段往往会形成大量的文件、材料、图片、声像等会议资料,针对这些资料,应当根据保密制度与工作需要进行集中整理、分类,做好回收、存档或销毁等处理。

二、与会者的礼仪要求

参加会议是一件严肃的事情。参加会议的人员无论是以单位还是个人的名义出席会议,都要注意自己的言行举止,做到稳重端庄,遵时守纪,合乎礼仪规范。

(一)注意身份,得体大方

参加会议的人员要展示良好的形象,仪容仪表是首先要考虑的因素。在这方面有三点要注意:第一,文明端庄。男士面部要保持干净整洁、发式得体,女士要施以淡妆,发式美观大方。着装要符合社会的道德传统和人们的常规做法。各种会议都是正规的公众场所,不要穿过露、过透、过短、过紧、过于花哨轻浮或过于随便的衣服。第二,搭配得体。要求服装、鞋帽、发式等各部分协调呼应,展现仪表的整体美,男士以深色西服套装配白衬衫、领带为宜。女士在正式会议上以职业套装为首选,晚宴、舞会上可选择晚礼服风格的着装。第三,展示个性。每个人的装扮既要符合自己的年龄、身份、体态、气质、职业,同时也要扬长避短,体现与众不同的个性。

(二)遵时守纪

遵守时间是对会议组织者和其他与会者的尊重,是会议礼仪的重要组成部分。参加会议,必须遵守时间。参加会议人员应该提前10分钟左右到达会场就座,主席团成员及主持人一般在会议开始前5分钟左右在主席台按既定座次入席。无特殊情况,主持人要准时宣布会议召开,并掌控会议各阶段的耗时,以确保会议的各项活动和议程能在预定时间内进行,并确保会议在既定时间结束。会议时间的延长将影响到与会者的其他工作安排,是对与会者的不尊重。要确保会议的准时结束,还要求发言者有明确的时间观念,要限时发言,尽量在规定时间内,不占用他人的时间。

(三) 手机使用礼仪

在会议上应杜绝使用手机等。若有重要事情需将手机带入会场,必须要遵循手机的使用规范。首先,将手机铃声设置为振动或者静音,以防铃声突然响起影响会议秩序,特别注意闹铃要调成关闭状态。接电话时要找人少、安静的地方,控制自己的音量,以免妨碍他人。若在会场、车内、电梯上等公共场所接听电话,语言要精练简短。若不方便接听电话,应告知对方稍后联系。若使用手机过程中影响到他人,应主动道歉,尽量不影响到他人,结束通话后再入座。

(四) 鼓掌礼仪

鼓掌是会议中常见的含意丰富的礼仪行为,既有欢迎、欢送、祝贺之意,又包含了赞许、鼓励等感情。鼓掌的行为看似简单,但若鼓掌的时机、次数、力度把握不当,就会失礼。有许多细节需要注意:首先,鼓掌的标准动作是面带微笑,微抬两臂,左手掌抬起于胸前,四指合拢,拇指自然张开,掌心向上,以同样张开的右手掌心向下轻拍左手掌。其次,鼓掌节奏应平稳,做到频率一致,力度的大小要与会场的气氛相协调。再次,鼓掌要选择合适的时机,不可让鼓掌影响会议的正常进行,也不可鼓倒掌或在鼓掌时伴以吹口哨、吼叫、跺脚、起哄等不文明的举动,否则就歪曲了鼓掌的本来含义,也是对他人的极不尊重。

(五) 发言的礼仪

在会议自由发言、讨论阶段,不要保持沉默,否则会给人漠视工作、不关心议题的印象。发言时要先向主持人示意或直接提出要求,发言要简明、有条理、紧扣议题,口齿清晰;发言完毕应对听众的倾听表示谢意。对于他人的要求要礼貌作答,对不便于回答的内容也要礼貌、机智地说明理由。反驳别人要等对方讲完后再阐述自己的观点,对于他人的不同意见要虚心听取,勿急于反驳、争辩,更不可冲动失态。

(六) 主持人礼仪

会议主持人一般由一定职务的人担任,一定要事先熟悉会议的各环节安排以及相关礼仪。在主持过程中的礼仪表现不仅关系到主持人的个人形象和素质,还将对会议是否圆满成功产生影响。

(1) 在接到主持任务后,要拿出时间认真研究所主持的会议,弄清会议的目的、主题、会议的发言者及发言题目、用时等相关情况,从而熟悉会议议程,把握会议走向,预测会议效果,并据此设计出主持人的台词,为主持工作做充分的准备。

(2) 主持人的谈吐要做到口齿清楚,思维敏捷,简明扼要。主持风格要与会议性质相协调,或庄重沉稳,或幽默风趣,来营造好的会场气氛。主持人的形象应做到衣着整洁、得体、大方,态度庄重严肃,精神饱满。

(3) 主持人要有极强的时间观念,保证会议准时开始、准时结束。若因特殊原因需延时,主持人应简单向大家解释原因并表示歉意。若主持时间较长的会议,应安排会议休息,以便与会者有时间处理个人事务,并稍做休整。

（4）在规模比较大的会上,主持人要对贵宾、发言人做简要介绍,包括身份、头衔、成就以及发言题目等内容,并提议用掌声表示欢迎;在发言结束后,主持人还应提议用掌声向发言人表示感谢,还可以对发言的内容作出提炼概括或积极评价。

三、会议中常见的不合礼仪的现象

在很多会议上,我们经常可以见到一些不合会议礼仪的现象,这不仅影响到会议的正常气氛,还会影响到个人形象和单位形象,都应该杜绝。

（1）心不在焉。在会场大家经常会看到这些现象,每逢开会时,便会有人随手带一些与会议内容无关的东西,发言人开始发言的同时,报纸、杂志、手机或其他娱乐的东西便会随之呈现于会场;还有的人陶醉于零食的美味当中;有些与会者则把会场当成是休闲场所,每逢开会便鼾声大起,不仅影响会场气氛,更是欠缺个人修养素质的体现。这些行为都是对会议和发言人的不尊重,应该坚决杜绝。

（2）随便走动。会议期间,会场内除发言者在发言以外,一般都处于很安静的气氛,任何人的随便走动都会影响到会议的秩序,干扰到发言者和听众,所以会议期间不是特殊情况,所有人都不应该随便走动。如有特殊情况必须起身离座,应主动轻声向受影响的人表示歉意。

（3）闲聊。有时候开会成了某些与会者小聚会的机会,有些人对台上发言人阐述的内容没兴趣,极度热衷于台下闲聊。很多人闲聊的节奏和台上发言者的节奏一致,发言者说台下说,发言者停台下停,发言人讲话的时候台下总是形成一阵阵的嗡嗡声。这对会场形成了极大的干扰,同时影响到发言者的心情,是对发言者极大的不尊重。

（4）打哈欠。在开会期间还经常看到听众不时地打哈欠,这种行为也让人感觉到你对会议的内容不感兴趣,不耐烦。因此,会议期间如若真是感到很困乏,应尽量控制自己的行为,如需打哈欠时应用手遮挡,并表示歉意。

（5）其他有失礼仪的行为。有很多行为只适合在私人空间里做,在公众场所便有失礼仪,比如挖鼻孔、掏耳朵、挠头皮等行为。还有许多不卫生、不文明的行为在会议上也经常见到,如随地吐痰、乱扔垃圾和碎纸等行为,都是不应该在公共场所出现的,如有痰可以到卫生间或吐到纸巾上,会后放到垃圾桶里。还有一些与会者坐姿很不雅,有身体歪斜的,有双手抚着下巴的,有跷着腿颤动的,有摆玩手中纸笔的,这些都是不文明行为,有失礼仪,在会场中都应该避免。

@ 知识链接

会议纪要

实训练习

一、案例分析

案例1

某服装集团为了开拓夏季服装市场,拟召开一个服装展示会,推出一批夏季新款时装。秘书小李拟了一个方案,内容如下:

会议名称:2012××服装集团夏季时装秀

参加会议人员:上级主管部门领导2人;行业协会代表3人;全国大中型商场总经理或业务经理以及其他客户约150人;主办方领导及工作人员20名。另请模特公司服装表演队若干人。

会议主持人:××集团公司负责销售工作的副总经理

会议时间:2012年5月18日上午9点30至11点

会议程序:来宾签到,发调查表;展示会开幕,上级领导讲话;时装表演;展示活动闭幕,收调查表,发纪念品。

会议文件:会议通知、邀请函、请柬;签到表、产品意见调查表、服装集团产品介绍资料、订货意向书、购销合同。

会　　址:服装集团小礼堂

会场布置:蓝色背景帷幕,中心挂服装品牌标识,上方挂展示会标题横幅;搭设T型服装表演台,安排来宾围绕就座;会场外悬挂大型彩色气球及广告条幅。

会议用品:纸、笔等文具;饮料;照明灯、音响设备、背景音乐资料;足够的椅子;纪念品(每人发××服装集团生产的T恤衫1件)。

会务工作:安排提前来的外地来宾在市中心花园大酒店报到、住宿;安排车辆接送来宾;展示会后安排工作午餐。

讨论题:小李的会议方案有无需改进的地方?

案例2

某机关定于某月某日在单位礼堂召开总结表彰大会,发了请柬邀请有关部门的领导光临,在请柬上把开会的时间、地点写得一清二楚。

接到请柬的几位部门领导很积极,提前来到礼堂开会。一看会场布置不像是开表彰会的样子,经询问礼堂负责人才知道,今天上午礼堂开报告会,某机关的总结表彰会改换地点了。几位领导同志感到莫名其妙,个个都很生气,改地点了为什么不重新通知?一气之下,都回家去了。

事后,会议主办机关的领导才解释说,因秘书人员工作粗心,在发请柬之前还没有与礼堂负责人取得联系,一厢情愿地认为不会有问题,便把会议地点写在请柬上,等开会的前一天下午去联系,才知道礼堂早已租给别的单位用了,只好临时改换会议地点。但由于邀请单位和人员较多,来不及一一通知,结果造成了上述失误。尽管领导登门道歉,但造成的不良影响也难以消除。

讨论题:这个案例告诉我们在会议准备时应注意什么问题呢?

案例3

有一次,某地准备以党委、人民政府名义召开一次全区性会议。为了使有关单位有充分时间准备会议材料和安排好工作,决定由领导机关办公室先用电话通知各地和有关部门,然后再发书面通知。电话通知发出不久,某领导即指示:这次会议很重要,应该让参会单位负责某项工作的领导人也来参加,以便更好地完成这次会议贯彻落实的任务。于是,发出补充通知。过后不久,另一领导同志又指示:要增加分管另一项工作的负责人参加会议。如此再三,在三天内,一个会议的电话通知,通知了补充,补充了再补充,前后共发了三次,搞得下边无所适从,怨声载道。

讨论题:请你从协调的角度说说怎样才能不出现上述这种情况,从而使工作顺利进行。

案例4

天地石化股份有限公司董事会召开会议讨论从国外引进化工生产设备的问题。秘书小李负责为与会董事准备会议所需文件资料。因有多家国外公司竞标,所以材料很多。小张由于时间仓促,就为每位董事准备了一个文件夹,将所有材料放入文件夹。有三位董事在会前回复说将有事不能参加会议,于是小张就未准备他们的资料。不想,正式开会时其中的两位又赶了回来,结果会上有的董事因没有资料可看而无法发表意见,有的董事面对一大摞资料又不知如何找到想看的资料,从而影响了会议的进度。

讨论题:你知道应如何发放资料才能避免此类事件的发生吗?

二、模拟训练

项目1 座次安排

实训目标:掌握座次安排的礼仪。

实训学时:1学时。

实训地点:实训室。

实训准备:会议桌、座席签。

实训方法:美国一贸易公司一行5人(副总经理、销售部经理、外联部经理、驻华工作人员、翻译)到光华公司进行贸易洽谈,光华公司有5人参加(副总经理、采购部经理、市场部经理、市场部员工、翻译),请根据洽谈会礼仪原则安排座次。以最快正确安排座次者为优。

项目2 培训会组织过程

实训目标:掌握培训会组织的过程礼仪。

实训学时:1学时。

实训地点:实训室。

实训准备:会议桌若干、笔、本。

实训方法:某省组织省内高职校财会专业骨干教师进行财会类技能大赛培训,会期7天,共50名教师参加培训,李想为某高职校会计系专业教师,负责组织本次培训并制定详细的培训计划与安排。

课后练习题

任务2　展销会礼仪

感　言

1. 谦恭有礼，人人欢迎。——托马斯·福特
2. 展览会使展览方的信息广为传播，提高其知名度和美誉度，服务过程中的礼仪则是展览会的灵魂。

任务目标

1. 了解展销会的基本流程及安排；
2. 掌握展台工作礼仪。

案例导入

每年3月份在北京都会举办汽车及相关用品的展会，王芳在一家汽车用品制造企业担任会计一职，本次展销会她随同公司的销售人员一同前往。王芳从未去过北京，就把这次工作当成了旅游，展会当天穿着超短裙，浓妆艳抹，嚼着口香糖，还经常擅离职守到处看车模，把收据到处乱放，销售人员经常开收据时找不到人……

思考：作为公司代表参加展会应注意哪些事项？

基础知识

除一般性会议之外，还有一些有特定程序或要求的会议，如新闻发布会、庆祝会、展览会、洽谈会等，被称作专题会议。专题会议有特定的礼仪规范和会议程序，需要严格遵守。

展览会是指社会组织或机构为了介绍成果，展示业绩，推销产品、技术或专利，采用集中陈列实物、图片、模型、图表、文字、影像资料等供人参观了解的形式，所组织的宣传、推广性聚会，又叫作展示或展示会。展览会不仅可以有实物或模型等的展示，还可以配有现场的操作演示、解说，非常形象直观。因此，展览会是一个吸引新客户的绝佳场所。展览会服务过程中的礼仪策划是展览会的灵魂，许多大公司都有自己的会展策划部门，有些公司则不惜重金聘请专业的会展礼仪服务公司进行运作，以提高公司的知名度，做到一次展览，名利双收。

展览会组织过程主要包括：

（1）制定参展目标。企业组织要成功地完成展览工作,需要有完善的展览计划,合理的会务预算。参展企业要根据展览会的规模、性质及本公司的经营情况合理地制定展览计划。一般展览计划要提前半年到一年制定,要有具体的实施步骤及合理的会务预算,根据公司的预算金额来确定场地费用的投入、设备投入、宣传投入以及交通、食宿投入等花费。

（2）参展人员的选拔和培训。人的因素是会展工作成功的第一要素。一次成功的展览,需要筹备人员细致周密的策划,也需要展台工作人员的团结协作、辛勤付出,是台前幕后工作人员共同努力的成果。无论是参展方工作人员的言谈举止、待人接物,还是展台的设计、布置等方面都可以体现出一个企业对会展礼仪的重视程度和掌握情况。因此,参展人员的选择、培训工作与展会的成功关系重大,不可掉以轻心。优秀的展会工作人员应该具备以下素质：知识丰富、有团队精神、精力充沛、自信、热情、有创造性和进取心、有极强的应变能力、工作刻苦认真、诚实守信。

展览会的工作人员可以分为筹备人员和展台工作人员两大类。

筹备人员负责展览会的各项筹备工作,分为设计、施工、宣传、广告、展品、运输、公关、行政、财务、后勤等方面,一般从广告部门、展览会部门、公关部门、宣传部门中选派,筹备人员负责保质保量地完成展览前期策划、展台布置、人员培训等工作,人员调配相对灵活,人数可随工作量增减。

展会工作人员负责展台各方面的工作,包括介绍展品、接待客户、记录情况、洽谈贸易、签订合同等环节,他们在会展期间直接同客户打交道,是企业形象的体现。展台工作人员的选拔和培训应该更加严格一些,一般应该从公司的信息部门、技术部门、生产部门和销售部门中选择,尤其是一些行业性的展览,参观者中很大一部分是业内人士,一定要有产品专家、技术人员到场;参观者中也会有部分人员是经理、CEO等企业管理人员,因此可以安排公司的管理人员在固定时间亲临展台。展台工作人员的数量应该取决于展台前的客流量,一般情况下,预测的单位时间内的接待客户量与单位时间内每个员工可以接待的客户数量作为确定展台员工人数的参照。

展览会工作人选确定之后,要提前两三个月对他们展开包装和培训。展台工作人员应统一着装,佩戴胸牌,在个人仪态、举止及语言上严格要求。还要进行相应的业务培训,包括对展会情况作全面了解,如参展人员的构成、会场的格局、展览计划、展品介绍及市场分析、天气情况的预测与分析等;对于每个成员在展览会上的任务要有具体的分工和详细的要求,同时,还要组织展台工作人员学习相关技能和知识,如关于本公司及产品的相关知识、同类竞争产品的相关知识、关于展览的知识和参展技巧、展台接待和推销技巧等。这些知识和技巧在展览会上的实用性极强,使用频率极高,可以在短时间内大大提高工作人员的展台工作能力,不可忽视。

（3）展前宣传。要保证会展期间自己的摊位面前有令人满意的客流量,保证展览取得可人的效果,展前宣传的工作不容忽视。事实上,在会展中很多参展企业会通过各种方式进行宣传,邀请相关领导、嘉宾和客户,期望他们届时光顾自己的展位。展前宣传不仅可以避免展位"门前冷落"的局面,还可以有效地提升企业形象。展前宣传的方式很多。邮件是最常见的方式之一,如亲自发送的邀请函、邮寄附带邀请函的礼物包裹,其他如赠送会展城市的餐饮指南或地图、各种广告或标语、赠券、贺卡、媒体报道、光碟、电话沟通、传真、网络等,若经济条件允许,邮件可分多次、多种形式寄出,最后一次宣传邮件应在会展前2~3周寄出,以确保对方能在展前3~5个工作日内收到。

(4) 展台工作礼仪。展览会上展台工作人员的工作是否到位、是否合乎礼仪规范,直接影响到展览的成败。首先,要热情主动地招待客户。在展览会上分散人们注意力的因素有很多,如会场的表演、各种声像媒介等,亲切的交谈、热情的态度可以有效地排除这些干扰,赢得客户。而要有效地扩大客户量,就不能把工作对象局限于老客户以及路过展台的客户,要善于与客户攀谈、善于引导,以积极的态度、热情的帮助取得客户的认同。其次,要巧妙设计开场白。如果已经锁定了目标客户,要克服被拒绝的恐惧,主动攀谈,设计一些好的开场白,准备一些开放式的、可以引导客户深入谈下去的话题,与客户交流。再次,善于倾听、察言观色、了解客户的肢体语言,引导客户深入交谈。通过倾听把握客户的兴趣和关注点,积极引导,向客户介绍己方产品和服务的优势,邀请他们走进你的展台。最后,要给客户提供有用的信息。通过与客户交流,彼此建立了信任感,了解了客户的基本购买动机之后,还要善于分析客户的需求,有针对性地向他们提供有用的商品信息。

(5) 展后跟踪、总结、评估。展后工作包括跟踪、总结和评估三个方面。首先要对支持单位、合作单位、重要的参观商及媒体表示感谢,针对本次展览会发放意见调查表、征询表,通过新闻媒体对展览做回顾性报道;其次要进行展后总结,统计整理相关资料,对所做工作进行研究分析,为将来的工作提供数据资料、经验和建议;最后还要进行展后评估,将收集到的各类资料分类整理,对成本效益、宣传效果、目标任务的完成情况等进行评估,将有利于发现问题、改进工作、提高效率。

知识链接

会展策划书范例

实训练习

一、行业熟知度

1. 请说出至少3家我国大型会展公司。
2. 请说出至少3个国内最有知名度的展览或会议。
3. 请说出至少3家会展媒体。
4. 请说出至少3个会展行业内的重要会议或论坛。

二、模拟训练

项目　展销会礼仪

实训目标：掌握展销会的礼仪。

实训学时：1学时。

实训地点：实训室。

实训准备：化妆品若干。

实训方法：某公司新推出几个品牌化妆品,准备参加6月份广州举办的展会,以小组为单位为该公司策划展会方案,并详细说明展会过程中应注意的礼仪。

课后练习题

任务3　庆典礼仪

感　言

1. 君子以仁存心,以礼存心;仁者爱人,有礼者敬人。爱人者人恒爱之,敬人者人恒敬之。——《孟子·离娄下》

2. 非礼勿视,非礼勿听,非礼勿言,非礼勿动。人人有礼则安,无礼则危。人之有礼,犹鱼之有水也。——《论语》

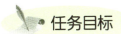

1. 了解庆典的基本安排；
2. 掌握开业典礼、剪彩典礼、交接典礼、签字仪式等的具体礼仪要求。

案例导入

美国IBM公司每年都要举行一次规模隆重的庆功会,对那些在一年中做出过突出贡献的销售人员进行表彰。这种活动常常在风光旖旎的地方,如百慕大或马霍卡岛等地进行。对3%的做出了突出贡献的人所进行的表彰,被称作"金环庆典"。在庆典中,IBM公司的最高层管理人员始终在场,并主持盛大、庄重的颁奖酒宴,然后放映由公司自己制作的展现那些做出了突出贡献的销售人员工作情况、家庭生活,乃至业余爱好的影片。在被邀请参加庆典的人中,不仅有股东代表、工人代表、社会名流,还有那些做出了突出贡献的销售人员的家属和亲友。整个庆典活动,自始至终都被录制成电视(或电影)片,然后被拿到 IBM 公司的每一个单位去放映。

思考:举办这种庆典活动对公司有何意义?

基础知识

社会组织、企业经常举办庆典、仪式等礼仪隆重的专题活动,在专题活动中,主办方要邀请各方来宾,主办方对来宾的接待、安排,来宾在活动中的言行举止,庆典的程序安排等都有礼仪规范,作为公务人员,必须学习并掌握一些专题活动的礼仪知识。

庆典活动是围绕重大事件或重大节日而举行的庆祝活动仪式。庆典活动的目的,是为了激发某种感情、鼓舞斗志、宣传教育、扩大知名度和影响、树立良好的公众形象。庆典活动有很多,常见的有开业典礼、节日庆典、庆功典礼、竣工典礼、奠基仪式、开业仪式、签字仪式、剪彩仪式、交接仪式等。不论什么庆典仪式,都应以规模适度、仪式规范、开支合理为原则,以庆祝为中心,把场面组织得欢快、热烈而隆重。成功的庆典可以引起社会各界及公众的关注,是企业对外展示实力、强化形象、扩大影响的有效途径之一。

一、庆典的总体要求

(一)准备工作

准备工作主要包括以下几个方面:

1. 制定方案

庆典举行之前需要制定周密的活动方案。方案一般包括典礼的形式、规模、邀请范围、时间、地点、基本程序、主持人、筹备工作、经费安排等。重大庆典活动一般要报请上一级主管机关审批,一般庆典活动也要经有关领导批准,无论何种方式的庆典,都不要违背国家的相关规定。

2. 发出邀请

一旦确定庆典的时间、地点、形式,就应考虑邀请来宾。按照惯例,一般邀请上级领导、社会名流、社区关系、合作伙伴、员工代表、公众代表以及媒体记者等。要使用印刷精美的请柬,请柬要及时发出。

3. 布置会场

要根据庆典的规模、影响力及本单位的实力确定会场的地点和大小,会场太大显得冷清,太小则过于拥挤,都不合适。会场的布置要以庆典为核心突出喜庆、热烈、隆重的气氛,可以悬挂横幅、宣传标语、插彩旗、设置气球拱门、摆放鲜花、组织乐队等,还要配备好音响设备及适合播放的乐曲。总之,会场既要干净整洁,又要气氛热烈。

4. 做好接待

庆典活动往往要邀请一些嘉宾,这就需要做好接待工作。接待工作应该由负责礼宾工作的接待小组担任。负责接待的员工应具备年轻、有一定的表达和应变能力、精力充沛、待人热情主动、形象好等特点。来宾抵达后应有专人引导至会客室或会场,对于上级领导等要员要由主办负责人亲自迎送,对于远道来的客人要提前安排好下榻之处,对于年事已高的客人或要员还要有专人始终陪伴、照应。接待人员还要做好来宾的招待工作,如送上茶水、水果、点心等。

(二)出席庆典人员礼仪

在出席庆典时,人们要注意自己的礼仪规范。

1. 仪容仪表整洁规范

古人在重大的活动之前往往要沐浴、斋戒,代表了对仪式活动的郑重态度。现代礼仪也要求出席庆典的人保持仪容的整洁,参加活动之前应该洗澡、剃须,必要时还要理发,保持仪容整洁。在着装方面也要注意,主办方人员若有统一制服,可以统一穿着制服。一般男士应该穿正装西装或中山套装,配黑色皮带皮鞋;女士应该穿职业套裙,配长筒丝袜、黑色高跟鞋,或穿深色西服套装。

2. 遵守时间

一般庆典开始的具体时间在请柬上就已注明,时间一旦确定,就要准时开始,准时结束,不可随意拖延。因此,参加庆典的任何人员都不应迟到、无故缺席或中途退场。

3. 态度认真庄重

在庆典的整个过程中,到会人员都应该庄重、认真,全神贯注,不要到处乱转,不可与他人闲聊、打闹或做其他事情。尤其升国旗、奏国歌的程序,一定要按照礼仪要求,起立、脱帽、面向国旗行注目礼。

4. 发言简练

在庆典中往往安排主客双方发言,庆典的时间一般不太长,发言人的发言一定要简练,宁短勿长,三两分钟为宜。上下场要步态稳健,发言中要讲究礼貌,不忘问候、感谢等应有的礼仪,提及感谢对象时要目视对方,发言中应不用或少用手势。

5. 态度友善

主办方尤其要对参加庆典的来宾友好,遇到来宾要主动热情地问好,对来宾提出的问题要友善答复,对于来宾的发言要适时地热情鼓掌。

二、开业典礼

开业典礼是单位、社会组织在创建、开业或建筑正式启用之际,为表示庆贺、纪念,遵循一定的程序和规范而举行的专门仪式。

(一)开业典礼的筹备

筹备、举行开业典礼应遵循隆重、缜密、节俭的原则,并对各个环节作充分的准备,认真安排。

1. 舆论宣传

举办开业典礼的主要目的是扩大主办方的知名度、美誉度,塑造良好的组织形象,吸引社会各界对组织的关注。因此,必须选择有效的大众传媒,做集中的广告宣传,以吸引公众。这种广告的内容一般包括:开业典礼举行的日期、地点,企业的经营特色,开业时的优惠措施等内容。同时还要邀请媒体记者光临开业仪式,进行采访报道,以进一步扩大企业的影响。

2. 邀请来宾

开业典礼的影响大小很大程度上取决于参加典礼的来宾身份的高低、人数的多少。因此,在力所能及的条件下,要争取多邀请一些嘉宾参加典礼,一般应该邀请地方政府领导、上级主管部门与地方职能部门的领导、社会名流、社团负责人、社区负责人及新闻界人士等,用于邀请的请柬要精美大方,认真书写并装入精美信封,派专人提前送达对方手中。

3. 布置会场

开业典礼多在开业的现场举行,既可以选择正门前的广场,也可以考虑正门内的大厅。按照惯例,开业仪式时间较短,宾主双方一律站立,为表示敬重,要在来宾站立处铺设红地毯,现场应该悬挂开业仪式的横幅,场地周围张贴标语、悬挂条幅、气球、彩带、宫灯等,会场两侧可以摆放来宾赠送的花篮、牌匾等。开业现场要有调试好的音响、照明等设备,以确保典礼的正常进行。

4. 接待服务

对来宾的接待服务工作,要安排精力充沛、表达和应变能力强、形象好、待人热情主动的年轻男女负责。要有专门的接待室,准备好待客的饮料等,准备好来宾签到桌、精美的签到簿、签字笔、碳水笔等留言用的文具,还要准备本单位的宣传材料和典礼程序、来宾名单等材料提供给客人。

5. 准备馈赠礼品

开业典礼时向来宾赠送具有宣传意义的合适的礼品,往往可以产生很好的宣传效果。礼品要突出纪念性和独特性,让人珍惜,同时可以通过附印组织标志、开业典礼日期、经营项目、企业口号等内容,突出礼品的宣传色彩。

6. 拟定仪式程序

为保证开业典礼顺序进行,筹备阶段必须草拟出具体的仪式程序,应该包括确定主持人、介绍重要来宾、单位负责人及重要来宾致辞、参观或剪彩、座谈、联欢等。

(二)开业典礼的程序

开业典礼通常按照约定俗成的仪式程序和规范来举行,现场应该有醒目的会标;来宾赠送的花篮、牌匾应整齐地摆放在醒目的位置,以示尊重;企业全体人员要统一着装,修整仪容仪表,提前上岗;负责人和迎宾人员要在宾客到来之前站到规定的位置上恭候来宾。典礼的主要程序为:

(1)主持人宣布仪式开始,全体肃立,介绍来宾。

(2)邀请指定嘉宾按照规范的仪式剪彩或揭幕。奏乐,全场注目并鼓掌。在主人的带领下,全体到场者依次进入幕门。

(3)主办方负责人致辞,向来宾及祝贺单位表示感谢,并简要介绍本企业的经营项目和特色。

(4)来宾代表发言祝贺。

(5)主人陪同来宾参观。开始正式对外营业或宣告对外展览开始。

三、剪彩仪式

剪彩仪式是社会单位和组织为了庆祝企业开业、大型展览会以及展销会开幕、道路桥梁建成通车等而举行的热烈而隆重的礼仪活动。剪彩仪式可以有效地提高社会单位、组织的知名度和公众影响力。作为一种庆典仪式，建成仪式可以穿插在开业典礼中进行，也可以专门举行，以引起社会各界关注。

（一）剪彩仪式的准备

剪彩仪式的准备工作较为复杂，涉及场地布置、灯光及音响的准备、媒体的邀请、人员的培训等多个方面。除此之外，还有一些事项是筹备剪彩仪式特别要关注的：

1. 剪彩用材的准备

剪彩仪式与其他典礼仪式不同的是需要准备剪彩用的红绸、剪刀等专门材料。红绸即要剪的"彩"。按传统做法，应当选用大红色绸缎，在中间结成数朵花团而成，结好花团之后的彩带长约2米。为节约起见，也可代之以足够长度的细窄的红色缎带、红色布幅等。花团要结得生动、硕大、醒目，花团的数目取决于上场剪彩的人数。还要准备崭新、锋利、顺手的剪刀供剪彩者使用，要确保剪彩者人手一把。剪彩仪式结束后，主办方可将每位剪彩者所使用的剪刀包装之后赠送剪彩者，以资纪念。同时还可以根据登台剪彩的人数给剪彩的宾客准备相应数量的白色薄纱手套，供剪彩时使用，以示郑重。必须保证手套数量充足、洁白无瑕、崭新平整、大小适度。

托盘也是剪彩必备之物，应该保证托盘的崭新洁净，以银色不锈钢制品为佳，托盘上铺好红色绒布或绸布会显得更加郑重。托盘的数量可以与剪彩的人数相等，以保证能同时给每位剪彩者提供剪刀、手套，并盛放剪下的花团，也可以为每位剪彩者分别准备盛放剪刀、手套的托盘和盛放花团的托盘。在较为隆重的剪彩仪式上往往还要铺设红地毯，宽度应在1米以上，长度视登台剪彩的人数而定，铺设红地毯既可以营造喜庆的气氛，也可以提升典礼的档次。同时还要为来宾准备好纪念性的小礼品。

2. 剪彩人员的选定

除主持人外，剪彩人员由剪彩者、助剪者组成。

剪彩者多由上级领导、主管单位负责人、知名人士、合作伙伴、客户或员工代表等担任，剪彩者可以是一个人，也可以是多个人。若一人持剪，则居中站立。多人持剪，要遵循国际上中间高于两侧，右侧高于左侧的原则，一字排开站立。剪彩者是仪式的主角，其仪表举止关系到典礼效果和组织方的形象，因此要有端庄的仪容仪表，容貌要适当修饰，头发整齐干净，不戴帽子、墨镜，穿着大方、整洁，举止稳重、优雅、洒脱。

助剪人员是剪彩过程中为剪彩者提供帮助的人，多由礼仪小姐担任。她们在剪彩过程中的主要工作有迎送宾客、引导剪彩者登台、为来宾提供饮料和安排休息等服务，以及在剪彩时展开并拉直彩带、在剪彩时受托花团、为剪彩者呈上剪刀和手套等。礼仪小姐的基本条件是体型、容貌姣好，年轻、端庄、文雅、反应敏捷、灵活机智。礼仪小姐应化淡妆，留短发或盘起长发，统一穿着西服套裙或红色旗袍，配以高跟皮鞋、长筒丝袜。确定礼仪小姐的人选之后，要进行必要的分工和演练，以保证剪彩的有序进行。

（二）剪彩人员礼仪

当主持人宣布开始剪彩之后，礼仪小姐应列队从主席台两侧或右侧登场，拉彩者站在场地两侧，将彩带拉直，捧花者每人手捧一朵花团与拉彩者站成一行。托盘者站在捧花者身后1米左右，自成一行。剪彩者应该列队从右侧出场，主剪者要走在前面，由引导者在其左前方引导，各就其位，站好后要向拉彩者、捧花者微笑致意。当剪彩者在既定位置站好后，托盘者应上前一步，站在剪彩者的右后侧，为他们递上剪刀、手套，剪彩者应含笑道谢。

开始剪时，剪彩者要先向拉彩者、捧花者示意，以使其有所准备，然后右手持剪，集中精力、表情庄重地将红绸一刀剪断。多名剪彩人同时进行时，应以主剪人的动作为准，其他人要与之协调一致，力争同时剪断，花团应该准确地落入托盘中，避免落地。剪彩成功后，剪彩人应以右手举剪向全场致意，然后将剪刀、手套放入托盘，举手鼓掌。接下来依次与主办方负责人握手祝贺，列队退场。剪彩者退场后，礼仪小姐方可列队退场。

（三）剪彩仪式的程序

一般而言，剪彩的仪式宜紧凑，忌拖沓。耗时一般在一刻钟到半个小时，通常包括以下程序：

（1）请来宾就座。剪彩仪式上一般只为剪彩人、来宾和本单位的负责人安排座席，座席前应该有姓名牌，方便来宾对号入座。

（2）主持人宣布剪彩仪式开始，全场热烈鼓掌，奏乐，若允许，现场可燃放鞭炮或放飞彩色气球等。

（3）奏国歌，全场肃立。

（4）简短发言。在剪彩仪式上，除了主办方负责人讲话，还可以安排上级主管部门领导、地方政府代表等讲话，都不要超过三分钟，重点应该是道谢或致贺、介绍经营宗旨或新设施的意义等。

（5）剪彩。剪彩前，主持人要先向全场介绍剪彩者。剪彩完成后，主剪者带头鼓掌，全场应以热烈的掌声回应。

（6）剪彩仪式结束，主办方陪同来宾参观，向来宾赠送纪念品，或以宴请方式款待来宾。

知识链接

剪彩礼的来历

四、交接仪式

在商务交往之中,商务伙伴之间合作成功,是值得有关各方庆幸与庆贺的一桩大事。实事求是地说,在激烈的竞争环境、泾渭分明的利益关系以及变幻莫测的商界风云之中,商务伙伴之间的合作的确来之不易,因此,它备受有关各方的重视。举行热烈而隆重的交接仪式,就是在商务往来中通常用以庆贺商务伙伴们彼此之间合作成功的一种常见的活动形式。在商界一般是指施工单位依照合同将已经建设、安装完成的工程项目或大型设备,例如厂房、商厦、宾馆、办公楼、机场、码口、车站,或飞机、轮船、火车、机械、物资等,经验收合格后正式移交给使用单位之时,所专门举行的庆祝典礼。

举行交接仪式的重要意义在于,它既是商务伙伴们对于进行过的成功合作的庆贺,是对给予过自己关怀、支持、帮助和理解的社会各界的答谢,又是接收单位与施工、安装单位巧妙地利用时机,为双方各自提高知名度和美誉度而进行的一种公共宣传活动。

交接的礼仪,一般是指在举行交接仪式时所须遵守的有关规范。通常,它具体包括交接仪式的准备、交接仪式的程序、交接仪式的参加等三个方面的主要内容。以下分别对其加以介绍。

(一)交接仪式的准备

准备交接仪式,主要关注三件事:来宾的邀请、现场的选择、物品的预备。

1. 来宾的邀请

来宾的邀请,一般应由交接仪式的东道主——施工、安装单位负责。在具体拟定来宾名单时,施工、安装单位亦应主动征求自己的合作伙伴——接收单位的意见。接收单位对于施工、安装单位所草拟的名单不宜过于挑剔,不过可以对此酌情提出自己的一些合理建议。在一般情况下,参加交接仪式的人数自然越多越好。如果参加者太少,难免会使仪式显得冷冷清清。但是,在宏观上确定参加者的总人数时,必须兼顾场地条件与接待能力,切忌盲目贪多。从原则上来讲,交接仪式的出席人员应当包括:施工、安装单位的有关人员,接收单位的有关人员,上级主管部门的有关人员,当地政府的有关人员,行业组织、社会团体的有关人员,各界知名人士、新闻界人士,以及协作单位的有关人员,等等。在上述人员之中,除施工、安装单位与接收单位的有关人员之外,对于其他所有的人员,均应提前送达或寄达正式的书面邀请,以示对对方的尊重之意。

邀请上级主管部门、当地政府、行业组织的有关人员时,虽不必勉强对方,但却必须努力争取,并表现得心诚意切。因为利用举行交接仪式这一良机,使施工、安装单位,接收单位,与上级主管部门、当地政府、行业组织进行多方接触,不仅可以宣传自己的工作成绩,而且也有助于有关各方之间进一步地实现相互理解和相互沟通。若非涉密或暂且不宜广而告之,在举行交接仪式时,东道主应争取多邀请新闻界的人士参加,并要为其尽可能地提供一切便利。对于不邀而至的新闻界人士,亦应尽量来者不拒。至于邀请海外的媒体人员参加交接仪式的问题,则必须认真遵守有关的外事规则与外事纪律,事先履行必要的报批手续。

2. 现场的选择

举行交接仪式的现场,亦称交接仪式的会场。在对其进行选择时,通常应视交接仪式的重要程度、全体出席者的具体人数、交接仪式的具体程序与内容，以及是否要求对其进行保密等几个方面的因素而定。根据常规，一般可将交接仪式的举行地点安排在已经建设、安装完成并已验收合格的工程项目或大型设备所在地的现场。有时，亦可将其酌情安排在东道主单位本部的会议厅，或者由施工、安装单位与接收单位双方共同认可的其他场所。

将交接仪式安排在已建设、安装完成并已验收合格的工程项目或大型设备所在地的现场举行，最大的好处，是可使全体出席仪式的人员身临其境，获得对被交付使用的工程项目或大型设备的直观而形象的了解，掌握较为充分的第一手资料，同时也方便东道主和接收单位在交接仪式举行之后安排来宾进行参观。不过，若是在现场举行交接仪式，往往进行准备的工作量较大。另外，由于将被交付的工程项目或大型设备归接收单位所有，东道主事先要征得对方的首肯，事后还需取得对方的配合。

将交接仪式安排在东道主单位本部的会议厅举行，可免除大量的接待工作，会场的布置也十分便利。特别是在将被交付的工程项目、大型设备不宜为外人参观，或者暂时不方便外人参观的情况下，以东道主单位本部的会议厅作为举行交接仪式的现场，不失为一种较好的选择。此种选择的主要缺陷是：全体来宾对于将被交付的工程项目或大型设备缺乏身临其境的直观感受。如果将被交付的工程项目或大型设备的现场条件欠佳，或是出于东道主单位的本部不在当地以及将要出席仪式的人员较多等其他原因，经施工、安装单位提议，并经接收单位同意之后，交接仪式亦可在其他场所举行。诸如宾馆的多功能厅、外单位出租的礼堂或大厅等处，都可用来举行交接仪式。在其他场所举行交接仪式，尽管开支较高，但可省去大量的安排、布置工作，而且还可以提升仪式的档次。

3. 物品的预备

在交接仪式上，有不少需要使用的物品，应由东道主一方提前进行准备。首先，必不可少的，是作为交接象征之物的有关物品。它们主要有：验收文件、一览表、钥匙等。验收文件，此处是指已经公证的由交接双方正式签署的接收证明性文件。一览表，是指交付给接收单位的全部物资、设备或其他物品的名称、数量明细表。钥匙，则是指用来开启被交接的建筑物或机械设备的钥匙。在一般情况下，因其具有象征性意味，故预备一把即可。除此之外，主办交接仪式的单位，还需为交接仪式的现场准备一些用以烘托喜庆气氛的物品，并应为来宾略备一份薄礼。在交接仪式的现场，可临时搭建一处主席台。必要时，应在其上铺设一块红地毯。至少，也要预备足量的桌椅。在主席台上方，应悬挂一条红色巨型横幅，上书交接仪式的具体名称，如"某某工程交接仪式"，或"热烈庆祝某某设备正式交付使用"。

在举行交接仪式的现场四周，尤其是在正门入口之处、干道两侧、交接物四周，可酌情悬挂一定数量的彩带、彩旗、彩球，并放置一些色泽艳丽、花朵硕大的盆花，用以美化环境。若来宾所赠送的祝贺性花篮较多，可依照约定俗成的顺序，如"先来后到""字母排序"等，将其呈一列摆放在主席台正前方，或是分成两行摆放在现场入口处门外的两侧。在此两处同时摆放，也是可以的。不过，若是来宾所赠的花篮甚少，则不必将其公开陈列在外。在交接仪式上用以赠送给来宾的礼品，应突出其纪念性、宣传性，被交接的工程项目、大型设备的微缩模型，或以其为主角的画册、明信片、纪念章、领带针、钥匙扣等，皆为上佳之选。

（二）交接仪式的程序

交接仪式的程序是指交接仪式进行的各个步骤。不同内容的交接仪式，其具体程序往往各有不同。主办单位在拟定交接仪式的具体程序时,必须注意两个方面的重要问题。其一,必须在大的方面参照惯例执行,尽量不要标新立异。其二,必须实事求是、量力而行,在具体的细节方面不必事事贪大求全。从总体上来讲,几乎所有的交接仪式都少不了下述五项基本程序:

(1) 主持人宣布交接仪式正式开始。此刻,全体与会者应当进行较长时间的鼓掌,以热烈的掌声来表达对于东道主的祝贺之意。在此之前,主持人应邀请有关各方人士在主席台上就座,并以适当的方式暗示全体人员保持安静。

(2) 奏国歌,并演奏东道主单位的标志性歌曲。此前,全体与会者必须肃立。该项程序,有时亦可略去。不过若能安排这一程序,往往会使交接仪式显得更为庄严而隆重。

(3) 由施工、安装单位与接收单位正式进行有关工程项目或大型设备的交接。具体做作法,主要是由施工、安装单位的代表,将有关工程项目、大型设备的验收文件、一览表或者钥匙等象征性物品,正式递交给接收单位的代表。此时,双方应面带微笑,双手递交、接收有关物品,在此之后,还应热烈握手。至此,标志着有关的工程项目或大型设备已经被正式地移交给了接收单位。假如条件允许,在该项程序进行的过程之中,可在现场演奏或播放节奏欢快的喜庆性歌曲。在有些情况下,为了进一步营造出一种热烈而隆重的气氛,这一程序亦可由上级主管部门或地方政府的负责人为有关的工程项目、大型设备的启用而剪彩所取代。

(4) 各方代表发言。按惯例,在交接仪式上,须由有关各方的代表进行发言。他们依次应为:施工、安装单位的代表,接收单位的代表,来宾的代表等。这些发言,一般均为礼节性的,并以喜气洋洋为主要特征。它们通常宜短忌长,只需要点到为止的寥寥数语即可,原则上来讲,每个人的此类发言应以三分钟为限。

(5) 宣告交接仪式正式结束。随后安排全体来宾进行参观或观看文娱表演,此时此刻,全体与会者应再次进行较长时间的热烈鼓掌。按照仪式礼仪的总体要求,交接仪式同其他仪式一样,在所耗费的时间上也是贵短不贵长的,在正常情况下,每一次交接仪式从头至尾所用的时间,大体上不应当超过一个小时,为了做到这一点,就要求交接仪式在具体程序上讲究少而精。正因为如此,一些原本应当列入正式程序的内容,例如进行参观、观看文娱表演等,均被视为正式仪式结束之后所进行的辅助性活动而另行安排。

如果方便的话,正式仪式一旦结束,东道主与接收单位即应邀请各方来宾一道参观有关的工程项目或大型设备。东道主一方应为此专门安排好富有经验的陪同、解说人员,使各方来宾通过现场参观,可以进一步地深化对有关的工程项目或大型设备的认识。若是出于某种主观原因,不便邀请来宾进行现场参观,也可以通过组织其参观有关的图片展览或向其发放宣传资料的方式,来适当地满足来宾的好奇之心。不论是布置图片展览,还是印制宣传资料,在不泄密的前提条件下,均应尽可能地使之内容翔实,资料充足,图文并茂。通常,它们应当包括有关工程项目或大型设备的建设背景、主要功能、具体规格、基本数据,开工与竣工的日期,施工、安装、设计、接收单位的概况,与国内外同类项目、设备的比较,等等。为使之更具说服力,不妨多采用一些准确的数据来进行讨论和说明。

在仪式结束后,若不安排参观活动,还可为来宾安排一场综艺类的文娱表演,以助雅兴。表演者可以是东道主单位的员工,也可以邀请专业人士。表演的主要内容,则应为轻松、欢快、娱乐性强的节目。需要说明的是,有关的工程项目或大型设备的交接,自然是与其完工验收相互衔接的。由于验收工作极其严肃复杂,而且颇耗时日,所以不应为了赶时间、走过场、凑内容，而将其列为交接仪式上的一项正式程序，换而言之，验收工作与交接仪式由于性质不同，故应有所区分，分别而论。正式的验收工作应当安排在交接仪式举行之前进行，而交接仪式则必须安排在验收工作全部完成之后举行，这主要是因为，交接仪式一旦举行之后，有关的工程项目或大型设备即被正式交付给接收单位。此后它们倘若出现了质量问题，当然就不如在验收过程之中解决起来那么容易。

（三）交接仪式的参加

在参加交接仪式时，不论是东道主一方还是来宾一方，都存在一个表现是否得体的问题。

对东道主一方而言，需要注意的主要问题有：

（1）要注意仪表修洁。东道主一方参加交接仪式的人员，不仅应当是"精兵强将""有功之臣"，而且应当使之能够代表本单位的形象。为此，必须要求他们装容规范、服饰得体、举止有方。

（2）要注意保持风度。在交接仪式举行期间，不允许东道主一方的人员东游西逛、交头接耳、打打闹闹。在为发言者鼓掌时，不允许厚此薄彼。当来宾为自己道喜时，喜形于色无可厚非，但切勿嚣张放肆、得意忘形。

（3）要注意热情待客。不管自己是否专门负责接待、陪同或解说工作，东道主一方的全体人员都应当自觉地树立起主人翁意识。一旦来宾提出问题或需要帮助时，都要鼎力相助。不允许一问三不知、借故推脱、拒绝帮忙，甚至胡言乱语、大说风凉话。即使自己力不能及，也要向对方说明原因，并且及时向有关方面进行反映。

对于来宾一方而言，在应邀出席交接仪式时，主要应当重视如下四个方面的问题：

（1）应当致以祝贺。接到正式邀请后，被邀请者即应尽早以单位或个人的名义发出贺电或贺信，向东道主表示热烈祝贺。有时，被邀请者在出席交接仪式时，将贺电或贺信面交东道主，也是可行的。不仅如此，被邀请者在参加仪式时，还须郑重其事地与东道主一方的主要负责人一一握手，再次口头道贺。

（2）应当略备贺礼。为表示祝贺之意，可向东道主一方赠送一些贺礼，如花篮、牌匾、贺幛等。时下，以赠送花篮最为流行。它一般需要在花店订制，用各色鲜花插装而成，并且应在其两侧悬挂特制的红色缎带，右书"恭贺某某交接仪式隆重举行"，左书本单位全称。它可由花店代为先期送达，亦可由来宾在抵达现场时面交主人。

（3）应当预备贺词。假若自己与东道主关系密切，则还须提前预备一份书面贺词，供发言时用，其内容应当简明扼要，主要是为了向东道主一方道喜祝贺。

（4）应当准点到场。若无特殊原因，接到邀请后，务必牢记在心，届时正点抵达，为主人捧场。若不能出席，则应尽早通知东道主，以防在仪式举行时来宾甚少，使主人难堪。

五、签字仪式

签字仪式是社会单位、组织与对手经过会谈、协商，形成了某项协议或合同，由各方代表在有关协议上签字并交还相关文本的仪式。签字意味着有关各方的关系取得了更大的进展，在有关各方关系发展史上具有里程碑的意义，因此，签字仪式备受关注，其礼仪规范比较严格，应该严格遵循。

（一）签字仪式的准备

1. 待签文本

谈判或协商达成共识后，双方应指定专人按照达成的协议，做好待签文本的定稿、翻译、校对、印刷、装订、盖章等一系列工作，文本一旦签字就具有法律效力，因此，待签文本的准备一定要严谨、慎重。在准备过程中，要认真核对谈判协议条件与文本是否一致，核对各种批件是否完备有效，还要审核合同内容与批件内容是否相符。审核文本一定要对照原稿，一字不漏，对于发现的问题要及时通报，可以通过再谈判达成谅解，根据需要可适当调整签字时间。有几方签字，就要准备几份文本，还可以同时为各方提供一份副本。与外商签署协议时，待签文本应该同时使用宾主双方的母语。待签文本应该做到用纸高档，印刷精美，一般采用大八开规格，装订成册并配以仿皮等高档面料作封面，以示郑重。主办方应该为文本的准备提供准确、高效、周到的服务。

2. 签字场地

签字场地应该整洁、清净、庄重，可以选用本单位的会议厅、会客厅来布置，也可租用常设专用的场地。标准的签字厅陈设比较简单，一般只需要地毯、长桌和几把椅子，长桌上最好铺设深绿色台呢。

按照签字仪式规范，签字桌要横放，桌后可适量摆放座椅。签署双边合同时，并排摆放两把椅子，供双方签字人就座。签署多边合同时，一般摆放一把椅子，各方签字人轮流就座，也可以各方签字人各提供一把椅子。在签字桌上，应该事先摆放好待签文本、签字笔、吸墨器等文具，涉外签字仪式还要在签字桌上按照礼宾顺序插放有关各方的国旗。签署双边协议时，国旗要插在该方签字人座椅正前方，签署多边协议时，国旗应该按照相应的礼宾顺序插在各方签字人身后的位置。

3. 安排签字人员

有关各方还应该在仪式开始前根据文件的性质确定参加签字仪式的具体人员，一般由最高负责人来签，双方的签字人应该身份对等。各方还要安排一名熟悉签字详细程序的助签人，并商定签字的有关细节。其他陪同人员一般由各方的谈判人员组成，各方人数应该大致相等。有时，为郑重起见，双方也可对等邀请高一级领导出席签字仪式。签字人员确定之后应向有关方面通报，客方更应提早将己方出席签字仪式的人员通报给主方，以便早做安排。

参加签字仪式的人员要注意适当修饰仪容，穿着具有礼服性质的深色西服套装，并配以白色衬衫，黑色皮鞋。礼仪人员、接待人员应该统一着装，可以选择旗袍或西装套裙、制服等。签字仪式比较庄严，签字人员应注意自己的举止表情，既不可喜形于色，也不必过于严肃，要稳健端庄、得体大方。

（二）签字仪式的程序

签字仪式一般耗时不长，以半小时为宜，但由于是合同、协议产生效力的关键一步，程序应该规范、庄严而隆重。

（1）签字仪式开始。有关各方依次进入签字厅，找到既定位置坐好。按照国际惯例，签字者按照主左客右的位置入座，助签人员分别站在己方签字者的外侧，协助翻揭文本，指示签字处，为已经签署的文件吸墨防洇。各方其他陪同人员按照各自的身份、职位的高低，以中间为准,客方向右、主方向左排列站在各方签字人之后,或坐在己方签字者的对面。

(2) 签字人签署文本。通常先签署己方保存的文本,再签署他方保存的文本。这样做,轮流使各方有机会居一次首位,以示平等,在礼仪上叫作"轮换制"。

(3) 交还合同文本。各方签字人正式交换经有关各方签署的文本,并热烈握手,互致祝贺,交换各方使用过的签字笔留作纪念,全场人员鼓掌祝贺。

(4) 共同举杯庆祝。礼仪小姐在这时用托盘端上香槟酒,有关人员饮酒庆贺。

(5) 有序退场。首先请各方最高领导及客方退场,然后东道主退场。签字仪式结束。

知识链接

邀请函

实训练习

一、案例分析

案例1

某大公司举行新项目开工剪彩仪式,请来了张市长和当地各界名流、嘉宾参加,请他们坐在主席台上。仪式开始时,主持人宣布:"请张市长下台剪彩!"却见张市长端坐没动,主持人很奇怪,重复一遍:"请张市长下台剪彩!"张市长还是端坐没动,脸上还露出一丝恼怒。主持人又宣布一遍:"请张市长剪彩!"张市长才很不情愿地上台剪彩。

讨论题:该主持人失礼之处在哪里?

二、模拟训练

项目　庆典活动策划

实训目标:掌握庆典活动策划的操作规程。

实训学时:2学时。

实训地点:实训室。

实训准备:笔、纸。

实训方法:某眼镜公司十周年店庆,准备举行庆典活动。宣传口号:品质是金,服务至上;主题:感谢消费者,让消费者感动;要求:以小组为单位,为该公司策划十周年庆典活动。

课后练习题

项目五

涉外商务礼仪

任务1 涉外基本礼仪

感 言

1. 礼貌是人类共处的金钥匙。——松苏内吉
2. 当你在自己国家时,你不过是成千上万公民中的普通一员;而在国外,你就是"中国人",你的言谈举止,决定他国人对我们国家的评价。

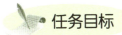
任务目标

1. 了解涉外基本礼仪在国际交往中的重要性;
2. 识记涉外礼仪的概念;
3. 掌握涉外礼仪的基本原则;
4. 熟悉涉外基本礼仪。

案例导入

汪海有一次去美国考察,在一次新闻发布会上遇到了许多记者的提问。一位意大利记者问:"你们生产的运动鞋为什么叫'双星'?是不是代表你们常讲的物质文明和精神文明?"汪海微笑地点了点头,说:"还可以这样理解:一颗星代表东半球,一颗星代表西半球,我们要让'双星'牌运动鞋潇洒走世界。"对这番豪言壮语,一位美国记者却不以为然,问道:"请问先生您脚上穿的是什么鞋?"这一将用意非常明了:如果你穿的是"双星"牌,那自然没话说,但如果穿的是洋货,意味着连自己都不愿穿"双星"牌,还谈什么潇洒走世界?不料,汪

海十分沉着自信地答道:"在贵国这种场合脱鞋是不礼貌的,但是这位先生既然问起,我就破例了。"说着他把自己的鞋脱了,高高举起,指着商标处,大声说道:"Double Star(双星)!"这时,场上响起了热烈的掌声,不少记者争相拍下这一镜头。第二天,美国纽约各大报纸在主要版面上纷纷刊登出这幅照片。《纽约时报》一位记者评述道:"在美国脱鞋的共产党国家的人有两个,一个是苏联的领导人赫鲁晓夫,他脱鞋敲桌子表明了一个共产党大国的傲慢无礼;一个是来自中国大陆的双星集团总经理,他脱鞋表明了中国的商品要征服美国市场的雄心!"

思考:汪海当众脱鞋的行为是否符合国际礼仪规范?为什么?

基础知识

涉外礼仪是指在长期的国际往来中,逐步形成的外事礼仪规范,也就是人们参与国际交往所要遵守的惯例,是约定俗成的做法。它强调交往中的规范性、对象性、技巧性。涉外礼仪是礼仪体系的一个重要分支。改革开放以来,中国的经济发展不断加快,与国外的交流合作日益增加。随着我国加入世界贸易组织和对外开放的深入,各领域人员的涉外活动越来越频繁。因此,涉外礼仪成为指导国人涉外交往的必备礼仪规范。掌握涉外礼仪,有助于维护自身形象和民族尊严,充分展现我们礼仪之邦的风貌。

一、涉外礼仪的特点

涉外礼仪具有规范性、对象性和技巧性的特点,总结起来说就是民族性与国际性的统一,原则规范与实践运用的统一。

(一)民族性与国际性的统一

涉外活动是双方的交流活动,交流双方必然存在风俗习惯、个人爱好等各方面的差异。在涉外活动中,不仅要遵守国际惯例和国际交际原则,还要入乡随俗,主随客便,尊重外国的风俗习惯与文化传统,遵循民族性与国际性的协调统一。

(二)原则规范与实践运用的统一

涉外礼仪要遵循互相尊重、维护形象、不卑不亢、一视同仁的原则规范。这些原则规范对礼仪活动具有很强的指导作用,但是面对各种各样的国际交流活动,具体的实践运用要求具有变通性及灵活性,要根据各个国家的不同情况灵活运用。

二、涉外礼仪的作用

(一)维护双方的尊严,塑造良好的自我形象

涉外礼仪既体现本国、本民族的尊严,也体现外国和外民族的尊严。维护尊严是双方互相尊重的前提,不自尊或对他人不敬都会违反涉外交往的礼仪规范。在国际交往中,除了维护本国和本民族的尊严、塑造本国形象外,同样要尊重对方的国家尊严。既要尊重对方的国

家元首、外交代表甚至该国公民的尊严,还要尊重对方的国旗、国歌和国徽等体现民族和国家尊严的事物,同时也不要忘记尊重对方的风俗习惯和对方的人格国格。所以,在涉外活动中如何正确遵守涉外交往礼仪,维护双方各自的尊严,融洽双方关系是十分重要的事情。

(二) 推进国际交流,促进双方的文化交流

涉外礼仪对人类整个历史文化的发展做出了巨大的贡献。涉外礼仪是对人类交往活动的总结,是整个民族在生生不息的历史长河中的文化积淀。通过交往,可以促进文化交流、互通有无,达到整个民族文化的整合。中国人过"洋节"成了时尚,西方的圣诞节、情人节、母亲节等节日开始走入了中国的生活,越来越成了流行一景。西餐、麦当劳和肯德基等饮食文化也完全进入了中国市民的生活中。而我国的一些传统习俗和社会文化也成为海外人员追逐的时尚。

(三) 促进经济发展,加强商务往来

在各国之间展开的经济实力的较量中,涉外礼仪承担着重要使命。通过涉外活动,进行商务往来,可以促进本国乃至世界经济发展,增进人类福裕。国无礼则不宁,从事涉外活动的人应该懂得涉外礼仪的精神,充分利用涉外礼仪,全面发挥涉外礼仪的作用。

三、涉外礼仪的原则

(一) 维护形象

在国际交往中,人们普遍对交往对象的个人形象倍加关注,并且都十分重视遵照规范的、得体的方式塑造、维护自己的个人形象。个人形象在国际交往中之所以深受人们的重视,主要是基于下列五个方面的原因:

(1) 每一个人的个人形象,都真实地体现着他的个人教养和品位。
(2) 每一个人的个人形象,都客观地反映了他个人的精神风貌与生活态度。
(3) 每一个人的个人形象,都如实地展现了他对待交往对象所重视的程度。
(4) 每一个人的个人形象,都是其所在单位的整体形象的有机组成部分。当人们不知道某一个人的归属时,他个人形象方面所存在的缺陷,顶多会被视为个人方面存在着某些问题;但是,当人们确知他属于某一单位,甚至代表着某一单位时,则往往将其个人形象与所在单位的形象等量齐观。
(5) 每一个人的个人形象,在国际交往中还往往代表着其所属国家、所属民族的形象。

基于以上原因,在涉外交往中,每个人都必须时时刻刻注意维护自身形象,特别是要注意维护自己在正式场合留给初次见面的外国友人的第一印象。

(二) 不卑不亢

不卑不亢,是涉外礼仪的一项基本原则。它的主要要求是,每一个人在参与国际交往时,都必须意识到自己在外国人的眼里,是代表着自己的国家,代表着自己的民族,代表着自己的所在单位的。因此,其言行应当从容得体,堂堂正正。在外国人面前既不应该表现得畏

惧自卑、低三下四，也不应该表现得自大狂傲、放肆嚣张。

周恩来同志曾经要求我国的涉外人员"具备高度的社会主义觉悟、坚定的政治立场和严格的组织纪律，在任何复杂艰险的情况下，对祖国赤胆忠心，为维护国家利益和民族尊严，甚至不惜牺牲个人一切"。江泽民同志则指出，涉外人员必须"能在变化多端的形势中判明方向，在错综复杂的斗争中站稳立场，再大的风流中也能顶住，在各种环境中都严守纪律，在任何情况下都忠于祖国，维护国家利益和尊严，体现中国人民的气概"。这些要求应当成为我国一切涉外人员的行为准则。

（三）求同存异

首先，对于中外礼仪与习俗的差异性应当予以承认。其次，在涉外交往中，对于类似的差异性，尤其是我国与交往对象所在国之间的礼仪与习俗的差异性，重要的是要了解，而不是要评判是非，鉴定优劣。

在国际商务交往中，究竟遵守哪一种礼仪为好呢？目前大体有三种主要的可行方法。其一，是"以我为主"。所谓"以我为主"，即在涉外交往中，依旧基本上采用本国礼仪。其二，是"兼及他方"。所谓"兼及他方"，即在涉外交往中基本上采用本国礼仪的同时，适当地采用一些交往对象所在国现行的礼仪。其三，则是"求同存异"。所谓"求同存异"，是指在涉外交往中为了减少麻烦，避免误会，最为可行的做法，是不仅对交往对象所在国的礼仪与习俗有所了解并予以尊重，更要对于国际上所通行的礼仪惯例认真地加以遵守。

（四）入乡随俗

"入乡随俗"，是涉外礼仪的基本原则之一，它的含意主要是：在涉外交往中，要真正做到尊重交往对象，首先就必须尊重对方所独有的风俗习惯。之所以必须认真遵守"入乡随俗"原则，主要是出于以下两面的原因：

（1）世界上的各个国家、各个地区、各个民族，在其历史发展的具体进程中，形成了各自的宗教、语言、文化、风俗和习惯，并且存在着不同程度的差异。这种"十里不同风，百里不同俗"的局面，是不以人的主观意志为转移的，也是世间任何人都难以强求统一的。

（2）在涉外交往中注意尊重外国友人所特有的习俗，容易增进中外双方之间的理解和沟通，有助于更好地、恰如其分地向外国友人表达我方的亲善友好之意。

（五）信守约定

作为涉外礼仪的基本原则之一，所谓"信守约定"的原则，是指在一切正式的国际交往之中，都必须认真而严格地遵守自己的所有承诺。说话务必算数，许诺一定要兑现，约会必须要如约而至。一切有关时间方面的正式约定，尤其需要恪守不怠。在涉外交往中，要真正做到"信守约定"，对一般人而言，尤须在下列三个方面身体力行，严格地要求自己：第一，在人际交往中，许诺必须谨慎。第二，对于自己已经作出的约定，务必认真地加以遵守。第三，万一由于难以抗拒的因素，致使自己单方面失约，或是有约难行，需要尽早向有关各方进行通报，如实地解释，还要郑重其事地向对方致以歉意，并且主动地负担因此给对方造成的某些物质方面的损失。

（六）热情有度

"热情有度"，是涉外礼仪的基本原则之一。它的含意是要求人们在参与国际交往，直接同外国人打交道时，不仅待人要热情友好，更为重要的是，要把握好待人热情友好的具体分寸。否则就会事与愿违，过犹不及。

中国人在涉外交往中要遵守好"热情有度"这一基本原则，关键是要掌握好下列四个方面的具体的"度"：

第一，要做到"关心有度"。

第二，要做到"批评有度"。

第三，要做到"距离有度"。在涉外交往中，人与人之间的正常距离大致可以划分为以下四种，它们各自适用不同的情况。其一，是私人距离，其距离小于0.5米。它仅适用于家人、恋人与至交。因此有人称其为"亲密距离"。其二，是社交距离，其距离为大于0.5米，小于1.5米。它适合于一般性的交际应酬，故亦称"常规距离"。其三，是礼仪距离。其距离为大于1.5米，小于3米。它适用于会议、演讲、庆典、仪式以及接见，意在向交往对象表示敬意，所以又称"敬人距离"。其四，是公共距离。其距离在3米开外，适用于在公共场合同陌生人相处。它也被叫作"有距离的距离"。

第四，要做到"举止有度"。要在涉外交往中真正做到"举止有度"，须注意以下两个方面：一是不要随便采用某些意在显示热情的动作。二是不要采用不文明、不礼貌的动作。

（七）不必过谦

"不必过谦"原则的基本含义是：在国际交往中涉及自我评价时，虽然不应该自吹自擂，自我标榜，一味地抬高自己，但是也绝对没有必要妄自菲薄，自我贬低，自轻自贱，过度地对外国人进行谦虚、客套。

（八）不宜先为

所谓"不宜先为"原则，也被有些人称作"不为先"的原则。它的基本要求是，在涉外交往中，面对自己一时难以应付、举棋不定，或者不知道到底怎样做才好的情况时，如果有可能，最明智的做法是尽量不要急于采取行动，尤其是不宜急于抢先，冒昧行事。也就是说，不妨先按兵不动，然后再静观一下周围人的所作所为，并与之采取一致的行动。

"不宜先为"原则具有双重的含意。一方面，它要求人们在难以确定如何行动才好时，应当尽可能地避免采取任何行动，免得出丑露怯。另外一方面，它又要求人们在不知道到底怎么做才好，而又必须采取行动时，最好先是观察一些其他人的正确做法，然后加以模仿，或是同当时的绝大多数在场者在行动上保持一致。

（九）尊重隐私

在涉外交往中，务必严格遵守"尊重隐私"这一涉外礼仪的主要原则。一般而论，在国际交往中，下列八个方面的私人问题，均被视为个人隐私问题：

其一，收入支出情况。

其二，年龄大小。

其三,恋爱婚姻情况。
其四,身体健康情况。
其五,家庭住址。
其六,个人经历。
其七,信仰政见。
其八,所忙何事。

要尊重外国友人的个人隐私权,首先就必须自觉地避免在与对方交谈时,主动涉及这八个方面的问题。为了便于记忆,它们亦可简称为"个人隐私八不问"。

(十)女士优先

"女士优先"是国际社会公认的一条重要的礼仪原则,它主要适用于成年的异性进行社交活动之时。"女士优先"的含意是:在一切社交场合,每一名成年男子都有义务主动自觉地以自己的实际行动去尊重妇女、照顾妇女、体谅妇女、关心妇女、保护妇女,并且还要想方设法、尽心竭力地去为妇女排忧解难。倘若因为男士的不慎,而使妇女陷于尴尬、困难的处境,便意味着男士的失职。

"女士优先"原则还要求,在尊重、照顾、体谅、关心、保护妇女方面,男士们要对所有的妇女一视同仁。

(十一)爱护环境

作为涉外礼仪的主要原则之一,"爱护环境"的主要含意是:在日常生活里,每一个人都有义务对人类所赖以生存的环境,自觉地加以爱惜和保护。

在涉外交往中,之所以要特别地讨论"爱护环境"的问题,除了因为它是作为人所应具备的基本的社会公德之外,还在于,在当今国际舞台上,它已经成为舆论倍加关注的焦点问题之一。

在国际交往中与此有涉时,需要特别注意的问题有两点:

第一,要明白,光有"爱护环境"的意识还是远远不够的。更为重要的是,要有实际行动。

第二,与外国人打交道时,在"爱护环境"的具体问题上要好自为之,严于自律。具体而言,在涉外交往中特别需要在爱护环境方面倍加注意的细节问题,又可分为下列八个方面:

其一,不可毁损自然环境。
其二,不可虐待动物。
其三,不可损坏公物。
其四,不可乱堆乱挂私人物品。
其五,不可乱扔乱丢废弃物品。
其六,不可随地吐痰。
其七,不可到处随意吸烟。
其八,不可任意制造噪声。

（十二）以右为尊

正式的国际交往中，依照国际惯例，将多人进行并排排列时，最基本的规则是右高左低，即以右为上，以左为下，以右为尊，以左为卑。大到政治磋商、商务往来、文化交流，小到私人接触、社交应酬，但凡有必要确定并排列具体位置的主次尊卑时，"以右为尊"都是普遍适用的。

鸣炮礼等礼仪的由来　　　　涉外交往礼仪

一、案例分析

案例1

一天，张先生的车上来了一位外国客人，张先生觉得这正好是个锻炼自己英语口语的机会，便主动向他问好。对方发现北京的出租车司机居然会流利的英语，显得很高兴，不一会儿，两人聊了起来。

在交谈中，张先生开始和对方像熟人一样拉起家常来。"您今年多大了？"对方没有正面回答，却说："你猜猜看。"张先生转而又问："你有家了吧？有孩子吗？是儿子还是女儿？"这位外国客人开始不耐烦起来，面对着路边的建筑说："北京比我原来想象的要漂亮多了。"岔开了话题。后来一路上，这位外国客人始终保持着沉默，直到到达目的地下车。张先生很是纳闷，难道我的英语太差他听不懂吗？

思考题：这位司机的行为有无不妥？为什么？

案例2

下岗女工兰妹通过中介公司找到一份在外国专家家里做保姆的工作。兰妹热情活泼，精明能干，第一天就给对方留下了不错的印象。她的主要工作之一是打扫房间，包括布朗夫人的卧室。细心的布朗夫人特意给兰妹定制了一份时间表，上面规定每天上午8点清理卧室，让兰妹按照上面的计划严格执行。

开始几天，兰妹都干得相当好，很令布朗夫人满意。直到有一天，兰妹照例去清理布朗夫人的卧室，却发现布朗夫人并没有像往常一样不在家，仍在休息。兰妹心想，我还是得按照计划办事，而且我打扫并不会影响她休息。热情的兰妹认真地干起活儿来。这时，布朗夫人突然醒了，发现兰妹在她的房间里，很惊讶，马上用不是很流利的汉语叫起来："你来干什么?请出去!"兰妹仍是一片好心,"您接着休息吧,我一会就打扫完了"。布朗夫人提高了嗓门,一字一顿地说:"请——你——出——去!"并且用手指着门。兰妹不明白自己哪里惹了布朗夫人,怎么这种态度。她心想,不是你叫我按时打扫的吗?满肚子委屈地走了。

讨论题:

(1)你能理解家政女工兰妹的委屈吗?

(2)为什么兰妹的行为无法得到外国专家的理解?

课后练习题

任务2 国外主要礼仪与禁忌

感 言

1. 百里而异习,千里而殊俗。——《晏子春秋·问上》
2. 入境问俗,入国问禁,入门而问讳。——《礼记·曲礼》

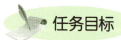

1. 了解各国的语言、宗教及衣食住行;
2. 熟知各国礼仪风俗;
3. 恰当有效地进行涉外交往。

案例导入

2010年9月26日,美国前总统克林顿出访韩国时,按妇女出嫁后从夫姓的美国习俗,称呼韩国总统金泳三的夫人为"金夫人",成了国际笑话。在此后的国宴上,克林顿要发表演说前,突然叫翻译走近他身旁,站在他本人和坐着的金泳三之间,又一次失礼。在韩国,女性婚后是保留原姓氏的。另外,在韩国,任何人站在两国元首之间都会被认为是一种侮辱。

思考:克林顿应如何做才不失礼?

 基础知识

一、亚洲

(一) 日本礼仪与禁忌

1. 礼仪

(1) 社交礼仪。日本人平时见面都要互致问候,行鞠躬礼,15度是一般礼节,30度为普通礼节,45度为最尊敬礼节,只有老朋友久别重逢才一边握手,一边鞠躬。初次见面,要行90度鞠躬礼,男士双手垂下贴腿鞠躬,女士将左手压着右手放在小腹前鞠躬,并口念"初次见面,请多关照",然后互相交换名片。交换名片时,年纪较轻和身份较低的人先递上名片。

日本人在社交场合注意仪表的美观,勤修边幅,保持衣着整洁。天气炎热时穿衬衣不卷袖子,在公共场合不穿背心。日本人讲究坐立姿势,讲话低声细语,措辞含蓄婉转,笑不露齿。接电话时,当对方通报姓名后,自己也会迅速自报单位姓名。通话完毕,等拨号者先挂断,自己才放话筒。

在日本,根深蒂固的等级观念与盘根错节的集团意识已浸透到社交活动中。日本人相当重视等级观念,在工作单位里,下级对上级毕恭毕敬;在社交场合,对地位比自己高的人要用敬语称呼,交谈中使用的动词也要用敬语。不论举行何种性质的集会,与会者各自谦让一番后,最终总是按最恰当的等级次序落座。此外,不少日本人有相当强的集团观念,注意集团内外有别,即使平时对集团领导人有意见,牢骚满腹,但与集团外的人接触时,总是说自己集团的好话。在作自我介绍时,也是突出介绍自己所在的集团,简单地介绍自己。强烈的集团意识导致一些谨小慎微的日本人局限于内部交流的小圈子,而较少参与集团外的横向交流。

日本人认为谦恭是一种美德,他们提倡在社交中克制自己,尊重他人,并总结出以下10条礼俗:

① 忘掉自我。
② 切莫自夸和自我吹嘘。
③ 要尽量避免议论别人。
④ 说话要有条理,表达清楚。
⑤ 避免使用直接性语言。
⑥ 避免攻击他人。
⑦ 不显露自己曾施惠与他人。
⑧ 避免道破他人的秘密。
⑨ 不忘记自己曾接受他人的恩惠。
⑩ 不可说大话。

(2) 送礼礼仪。日本人在社交活动中非常重视送礼和还礼。日文中"馈赠"一词写作"赠答",遇红白喜事送礼,访亲问友、做客赴宴要携带礼物。此外,还有季节性送礼习俗。每

年仲夏,下级给上级、晚辈给长辈、孩子给父母送礼,以表谢意。每年岁末,上级给下级、晚辈给长辈送礼,以示关怀。日本人送礼的内容丰富多彩,礼品包括土特产、工艺品或其他有实用价值的东西。现在盛行送现金,在封面上写上赠送目的和数量。日本人送礼时喜单数。送礼品讲究装潢,往往要包上好几层,再系上一条美观的红白纸绳和缎带。送礼时要双手捧着送上。受礼也应用双手,并要微微鞠躬。日本人很注重礼尚往来,除了办丧事等特殊情况接受赠礼后不宜立即还礼外,一般都要尽快还礼,或等待适当时机给予回报。回赠礼品的价值应与赠礼价值大体相等。

为了保持关系和增进情谊,日本人在新年来临前夕纷纷给亲友师长寄贺年卡。此外,许多日本人讲究礼节性书信往来,如按照时令寄早春(梅雨、暑假、寒冬)书信,根据不同情况寄祝贺信、慰问信、感谢信、通知信等。

(3) 家访礼仪。到他人家中做客,要预先和主人约定时间。进门前,要按电铃、通报姓名。进屋前,主动摘帽、摘围巾、脱鞋、脱大衣。寒暄后,即把礼品献给主人。作客时要讲礼貌,未经允许不得擅自进入主人家的卧室、厨房。交谈完毕和茶余饭后,由客人主动表示谢意和提出告别。回到住所要打电话告诉对方,并再致谢意。

2. 禁忌

日本人举止庄重,谈吐文雅,图吉利,避凶祸,在日常生活和社交交往中有不少忌讳,归纳如下:

(1) 语言忌。参加别人的婚礼时,忌说"完了""断绝"等词。参加葬礼时,忌说"频繁""又"等词。与男士交谈时,忌问收入、物价等;与女子谈话时,忌问年龄及婚配情况。对老人忌用"年迈"等字眼。和残疾人谈话时,忌说"残疾"之类的词语。应称盲人为"眼睛不自由的人",称聋人为"耳朵不自由的人",称哑巴为"嘴巴不自由的人"。众人一起评论他人时,忌谈他人的生理缺陷等。

(2) 数字忌。日本人对数字的吉凶概念很敏感,忌讳"4"(与"死"发音同)、"6"(发音为"劳苦")、"9"(在日语中有一种发音同"苦"字谐音)和"42"。因此,在喜庆场合和剧场、影院、医院等场所,一般不使用这几个"不吉利"的数字。

(3) 衣着忌。在正式场合忌衣着不整。参加别人的婚礼时,男子宜穿黑西服,系白领带;女子宜穿色彩明快的服装,但艳丽的程度忌超过新娘。参加葬礼时,男子应穿黑色西装或燕尾服,系黑色领带;女子应穿黑色套装或黑色连衣裙,忌衣色过于明快。

(4) 筷子忌。日本人一家人或亲朋好友围坐在一张桌子上吃饭的时候,忌舔筷(用舌头舔筷子)、迷筷(拿筷子在餐桌上晃来晃去)、移筷(连续夹两种菜)、扭筷(扭转着筷子用嘴舔取粘在筷子上的饭粒)、插筷(用筷插着菜送进嘴里)、掏筷(用筷子从菜当中扒开挑菜吃)、跨筷(把筷子跨放在碗、碟上面)、剔筷(用筷子当牙签剔牙)。

(5) 邮信忌。忌邮票倒贴;向受灾人发慰问信时,忌用双层信封;折叠信纸时,忌将收信人的名字头朝下。

(6) 馈赠忌。赠送礼品时,忌赠送容易破损的陶瓷、玻璃制品。最忌讳以梳子作礼品。

(7) 颜色忌。忌绿色,认为绿色是不祥之色,故忌用绿色作装饰色;忌紫色,认为紫色不牢靠,因此忌用紫色纸或紫色布包装食品等。

此外,日本人还忌用荷花(丧花)、狐狸(贪婪)、獾(狡诈)等作商品图案。

（二）韩国礼仪与禁忌

1. 礼仪

大部分韩国人热情、好客，性格开朗，彬彬有礼。韩国人重视礼节，尊老爱幼，讲究等级（职务和头衔）和男女有别。

（1）尊老爱幼。韩国社会具有"尊老"传统。在韩国公共场合，年轻人与年长者打交道，必须表示应有的礼节。无论是认识的还是陌生的，让座、让道，使用敬语，表示谦恭的姿势……而年长者则要表现出尊严，对看不顺眼的事可直接指斥。除了地位高低以外，一般来说，年龄关系大于其他关系。在韩国，年轻人不能在年长者面前吸烟，否则被认为是一件非常失礼的事情。万一正在吸烟时碰到年长者，也应马上把拿烟的手藏到背后，等年长者走了以后再吸烟。在韩国，谁要是"没大没小"，会被看成是粗俗之辈。

（2）着装礼仪。在韩国，大学男教师必须穿西服，打领带，即使在夏天穿短袖衬衫，也一律打领带。一位教师衣着端庄，仪表整洁，不仅是为人师表者的仪容要求，而且也是对学生的尊重。此外，韩国公务员和公司职员等，也十分讲究着装礼仪。

（3）饮食礼仪。韩国人吃饭，一般要等长辈先动筷，晚辈才能动筷。吃饭时，要安静地坐着吃，不可喋喋不休。进餐时，晚辈不能正面对着长辈喝酒，而是应该侧身90度左右喝酒。韩国人非常重视环保，环保意识较强。在韩国大大小小的餐馆，包括学校的教师餐厅、学生餐厅，一律使用金属筷子。由于金属筷子夹食容易滑动，所以厂家特意将筷子下端制成锯齿形状。韩国禁止使用一次性木筷，认为一次性消费浪费太大，不利于生态环保。因此，韩国所有餐厅的水杯都是金属杯子，而不提供一次性纸杯。

（4）见面礼仪。在社交场合，韩国男士一般先鞠躬再握手。男士一般不主动和女士握手。女士很少握手，但如果女士先伸手，男士也应该和她握手。年少者见到年长者、下级见到上级要先鞠躬，待对方伸出手后再握手。初次见面的两个韩国人，通常先仔细阅读对方的名片，再比较彼此的年龄，然后才正式开始交谈。

2. 禁忌

（1）韩国人忌讳数字"4"，因为在韩语中，"4"和"死"的发音一样。

（2）韩国人聚会时，除了专业女歌手外，忌讳随便邀请女性唱歌。

（3）韩国人说话比较直率，但是在公共场合和社交活动中，他们忌谈国内政治、宗教问题。

（三）新加坡礼仪与禁忌

1. 礼仪

（1）见面礼。新加坡的华人见面时多行传统礼——相互作揖；马来人见面时多行握手礼；印度人见面时常行合十礼。

（2）红包礼。新加坡华人过春节时，亲友之间要互赠红包，以联络感情。有些企业老板在员工初四上班时，要分发一个开工红包给员工，以表示开门吉利。

（3）敬长礼。新加坡人非常尊重长辈。他们的敬老准则是：对父母和其他长辈，要用亲切的称呼；当父母或其他长辈讲话时，不要插嘴；当父母或其他长辈呼唤时，要随叫随到。

（4）待邻礼。在日常生活中，大多数新加坡人都能够自觉地执行邻里礼貌守则：见到邻居要互相问候;逢年过节要请邻居来访;帮助邻居照管房屋;使用公共电话或公用场所,要时时多为别人着想。

(5) 微笑礼。新加坡人十分重视"礼貌之道重于行"的准则,他们的礼貌口号是"真诚微笑"。人们处事待人,总是伴以真诚的微笑。当因故对别人有所干扰时,当事人总要笑着说:"对不起,打扰您了。"在公共电话机旁排队打电话时,打电话者会笑着对等候者说:"对不起,让您久等。"即使交通警察对违章者罚款时,也是笑容可掬。因此,一些司机幽默地说:"我最怕警察对我笑。"新加坡重视礼貌教育,文化部印发了礼貌手册,对在家庭、学校、工作场所和马路上如何讲礼貌提供指导。而在街头张贴的讲礼貌宣传品上,总是印有一张笑脸和一句口号:"处事待人,讲究礼貌""真诚微笑,处世之道"或"人人讲礼貌,生活更美好"。

(6) 待客礼。新加坡店员更重视礼貌待客。他们严格遵循的守则是"顾客临门,笑脸相迎;顾客购物,别等他开门;顾客选物,耐心介绍;顾客提问,细心聆听,认真解答"。

2. 禁忌

(1) 言辞忌。新加坡人忌说"恭喜发财"。他们将"发财"理解为"不义之财",认为说这句话不是教唆人发不义之财,就是诬蔑别人的财路不正。

(2) 长发忌。新加坡人对留胡须、蓄长发的男士较厌恶。众多的家长和学校严禁男青年留长发。许多公共场所的标语牌上写着"长发男子不受欢迎!"

(3) 颜色忌。新加坡人忌黄色。

(四)马来西亚礼仪与禁忌

1. 礼仪

(1) 见面礼。马来西亚人见面时通常行鞠躬礼。男子行礼时,一边举右手抚于自己胸前,一边深深鞠躬,以示敬意。女子行礼时,双膝微微弯曲,然后再深深鞠躬,以示敬意。

(2) 做客礼。到别人家访问或作客时,应衣冠整洁,按时赴约,否则被认为失礼。马来人的内厅是祈祷和做礼拜的地方,因此,进屋时应当脱鞋。若穿鞋进内厅,则被认为有渎神灵。在马来人家作客时,主人会以马来糕或点心以及冰水等招待客人。客人应当吃一点,喝一点,以示领受主人的情意。客人如果谢绝主人的殷勤款待,会引起主人的反感。因此客人不要太客气,以免宾主之间产生隔阂和不愉快。

2. 禁止

(1) 触摸头部忌。马来西亚人认为头部是神圣不可侵犯的,因此忌摸别人头部。如果某人的头部被别人触摸,便认为受了极大的侮辱。

(2) 公开亲热忌。在首都吉隆坡,严禁男女在公共场合接吻,违者会被处以 2 000 林吉特(含 530 美元)罚款或一年的囚禁。

(3) 黄、白色忌。马来人忌黄色,黄色是马来西亚王公贵族的专用色。马来人忌用白色纸包礼品,因为白色与办丧事有联系。

(五)泰国礼仪与禁忌

1. 礼仪

(1) 合十礼。泰国人见面时一般不握手,而是行合十礼,并互道一声"沙越里"(意为

"安乐吉祥")。合十礼源于佛教的合掌礼。行礼时双手合掌,十指并拢,置于胸前,掌尖对鼻尖,微微低头。晚辈见长辈时双手举至眼部,平辈相见举到鼻部,长辈对晚辈还礼时至胸前。地位较低或年纪较轻者应先行礼。行礼时动作缓慢有度。当一方致意时,受礼者应还合十礼。泰国人告辞时也互致合十礼。但是,现在泰国政府官员、知识分子见面时常握手问好。

(2) 新屋落成仪式。泰国人在新屋建成后要举行庆祝仪式,以求平安。仪式主要活动是清晨僧人诵经。诵经时,要用法纱环绕新屋,法纱的一端由僧人执在手中,据说此举可以驱邪避灾。僧人诵经后,将法水和沙子撒在新房四周。此后,新屋主人向僧人布施斋饭以及日常用品,并宴请前来祝贺的亲友。

(3) 生日燃烛式。泰国人大都重视过生日。在过生日的前夜,往往要举办蜡烛式。点燃两支长长的蜡烛,其中一支必须与过生日者一样高,以祈健康长寿。

2. 禁忌

(1) 头部忌。泰国人十分重视头部,认为头部是人的智慧所在,是身体的最重要部位,是神圣不可侵犯的。随便用手触摸他人的头部,被视为是对他人的极大侮辱。即使对小孩表示亲昵,也不要随便抚摸头部,以免给小孩带来"厄运"。

(2) 门槛忌。到泰国朋友家做客,进门时要小心跨过门槛,万万不可踏入家门槛。泰国人认为门槛下住着神灵,断不可冒犯。

(3) 红色忌。在泰国,人们用红笔将死者的姓名写在棺木上。因此,泰国人忌用红笔签名,认为红色是不吉利的。

(4) 鹤、龟忌。鹤和龟的图案在泰国是不受欢迎的。鹤被视为"色情"鸟;龟则被视为男性"性"的象征。因此,泰人忌讳这两种动物以及印有其形象的物品。

(5) 发怒忌。泰国人讨厌在公共场所勃然大怒的人。在社交场合大发脾气的人,常常会失去友谊;在商务活动中容易发怒的人,往往会丢掉生意。

二、欧洲

(一) 英国礼仪与禁忌

1. 礼仪

(1) 称呼礼。英国人一般对初识的人,根据不同情况采取不同的称呼方式,对地位较高或年龄较长的男女,称 Sir(先生)或 Madam(夫人),而不带姓。这是正式并带有敬意的称呼。一般情况下则使用 Mr(先生)、Mrs(夫人)或 Miss(小姐)带上对方的姓。结识一段时间后,双方关系逐渐密切,就会自然改为用个人的名字相称。近年来,一些英国青年相识后便直呼其名。而亲人挚友之间,互相称呼时还使用昵称,但不及美国人那样普遍。

(2) 见面礼。英国人初次相识时,一般都要握握手。而平时相见,很少握手,彼此寒暄几句,除了对不常见的朋友问"身体可好"之外,通常只道个"早安"或"下午好",再则就对变化无常的天气略加评论。有时只是举一下帽子略示致意而已。不过,朋友久别重逢时要握手。此外,人们在长途旅行之前要握手话别。

(3) 介绍礼。英国人为他人做介绍的先后顺序是:先向年长者介绍年轻者;先向女士介绍男士(只有王子例外);先向身份高者介绍身份低者;先向先到者介绍后到者;先向已婚妇女介绍未婚女子。

(4) 谈话礼。英国人在日常交谈中,注意使用"请""谢谢""对不起"等礼貌用语。他们有很强的民族自豪感,但谈及自己却很谦虚。他们一般不和别人进行无谓的争论。在倾听别人意见时,保留自己的看法。不打断对方讲话,不用手指点对方。他们喜欢讲风趣幽默的妙语,而很少说引起对方不快的话。他们讲究风度,很少有人在谈话时大发脾气,令人扫兴。

(5) 女士优先。英国男子崇尚绅士风度,在社交场合遵循女士优先的原则。发表演说时,开场白总要先说"女士们",再说"先生们";在宴会上或餐馆里,先给女客人上菜,再给男客人上菜;遇到危急情况,优先保证妇女儿童的安全;男女同行,让妇女走在前面,男子走在后面;若并肩而行,男左女右;在人行道上走,男子应走在靠外的一边;进入剧场或电影院,也应让妇女先行;到衣帽间存放衣物,男人要先帮女人脱下大衣存放好,然后再存放自己的大衣。

(6) 做客礼仪。在英国,不速之客是不受欢迎的。无正当原因,切勿随便干扰别人的私人空间。若有事拜访人家,要事先约好。应邀赴茶会或做客,一要注意衣着整洁(大多数英国男子讲究修边幅,不留胡须),二要尽量准时到达,不宜迟到或过早到。英国人讲究准时,诚如作家冯骥才所说:"钟表对于他们,好像一个特殊的计算器,计算一个人的信义、教养和品德的水准。"入门前应先敲门或按电铃,经主人允许方可进入。男人进门须脱帽,以示敬礼。如果男女主人在一起,应先与女主人打招呼。若是礼节性拜会,客人一般不宜停留过久,以 20 分钟左右为宜。

(7) 敬茶礼。英国人喜欢通过请友人喝下午茶,增进了解和友谊。英国人喝茶大多是红茶加牛奶和糖。糖和牛奶放在单独的器皿中,客人按个人口味取用,用自己的小茶匙调和。茶会还上一些饼干、三明治或小面包,客人取用时,放在自己的小吃盘上。有时茶会上还备有咖啡,供客人选用。

(8) 敬酒礼。英国人酷爱饮酒,不少男士有在小酒馆消磨空闲时光的习惯。有些英国人也乐意邀请朋友下酒馆小酌。英国人请人喝酒,往往请客人挑选酒,并劝客人尽兴喝,但不灌酒。宾主不时互相举杯,说一声健康。英国人请朋友喝酒,主要是为了欢聚一下,促膝畅谈。

(9) 公共场所礼仪。绝大多数英国人都能够自觉遵守公共秩序,等车排队,井然有序。他们看电影,看演出,听音乐,注意保持安静,很少有人走动、说话或大声咳嗽。为演员的精彩表演鼓掌也有讲究,看戏是在每一幕完结时鼓掌;看芭蕾舞则可以在演出中间、一段独舞或双人舞之后鼓掌;听音乐会则在一曲终了之后鼓掌。

2. 禁忌

(1) 忌问私事。英国人忌讳询问别人的私事;忌讳打听女子的年龄与婚姻状况等;在日常交往中,不过问人家从哪里来,到哪里去;不问别人的收入、存款、物价、房租等;也不问别人属于哪个党派,选举中投谁的票;等等,以免落个没趣和让人讨厌。

(2) 忌讳"13"。绝大多数英国人忌讳数字"13",认为这个数字不吉利。因此,英国人请客时总是避免宾主共 13 人(通常是 12 人),重要的活动也不安排在 13 日。英国的饭店一律没有 13 号房间。

（3）忌讳黑猫、孔雀。虽然不少英国人喜欢养狗喂猫，但有些英国人却认为，黑猫是不祥之物。如果有人看见黑猫在他的面前穿过，便预示他将遭到不幸。而孔雀是淫鸟，孔雀开屏则是自我炫耀的表现。

（4）忌碰响水杯。有些英国人认为，在吃饭时如果刀叉碰响水杯，而任由它发响，便会带来不幸。所以，英国人吃饭时，尽量避免刀叉器皿碰撞出声。万一碰到杯子发出响声时，要赶快用手按一下使它停止作响。

（二）法国礼仪与禁忌

1. 礼仪

大多数法国人讲究文明礼貌，具有良好的社交风范。他们注重外表美，衣着整洁；他们崇尚"骑士风度"，特别尊重妇女；他们谈吐文雅，在日常生活中经常使用"对不起""不客气""很乐意为您服务""谢谢"等礼貌用语。

（1）握手礼。在法国通行握手礼，不论什么场合都要握手。当你进入法国的办公室时，你必须与所有在场者一一握手，走时还要再重复一遍。但男女见面时，男子要待女子先伸手后才能与之相握。男子与女子握手时应脱去手套，女子则不必。如女子无握手之意而不主动伸出手，男子就应点头鞠躬致意。当然，若是女主人，一般都会热情伸出手来表示对客人的欢迎。

（2）尊重妇女。在法国，公共场合大多数男子都注意有礼貌地对待每一位相识的或不相识的妇女。女子走进房间时，男士要起立；拜访时，先向女主人致意，告别时，先向女主人道谢；男女共餐时，点菜、上菜、敬酒均女士优先；男女同行时，男士要为女士开车门、房门；上楼时，女士走在男士前面，下楼梯时，则男士先行；乘电梯和汽车时，男士均应后进先出；坐火车时，男士应把靠窗的座位让给女士。

（3）谈话礼。有教养的法国人十分注重谈话的礼貌，与人交谈时，态度热情大方，语气自然、和蔼，言辞文雅、婉转，声音高低适度。交谈时尽可能选谈诸如文化、教育、体育等大家都感兴趣，又都有所了解的公共话题，并注意自我克制，不把自己的观点强加于人，尽量避免冒犯他人。在听别人讲话时，神情要专注，眼睛应注视对方，不轻易打断别人的话。

2. 禁忌

（1）颜色忌。法国人忌讳灰绿色，因为在第二次世界大战期间，希特勒法西斯军队穿着灰绿色军服。法国人亦讨厌紫色，因为它是西方公认的属于同性恋者的颜色。法国人一般喜欢天蓝色或淡蓝色。

（2）菊花忌。在法国，人们通常把黄色的菊花放在墓前吊唁死者。因此，法国人忌讳菊花。

（3）数字13忌。信天主教的法国人不喜欢13这个数字，认为13号加上星期五是非常不吉利的数字。因此，他们往往以"14（A）"或"12（B）"代替13。

（4）打听隐私忌。在法国，与人交谈时，绝对不要过问别人的隐私，不要询问对方的年龄、家庭生活、婚姻状况、有无子女等，更不要打听对方的工资、财产、家庭用具的价值以及人体的各种功能等，以免令人讨厌。

（三）德国礼仪与禁忌

1. 礼仪

（1）见面礼。在德国，当熟人碰到一起时，男性首先向女性致意，年轻男性首先向年老男性致意，年轻女性首先向年长女性和比自己年纪大得多的男性致意，下级首先向上级致意。握手时，年长女性先向年轻女性伸手，女性先向男性伸手，老师先向学生伸手。如果两对夫妇见面，先是女性互相致意。在街上打招呼，男性应欠身、脱帽。

（2）交谈礼。交谈时要看着对方的眼睛。讲话应慢条斯理，吐词清晰。不要吹牛、说大话，不要应承自己办不到的事。谈话时，两手不要插进衣袋，更不能对别人指手画脚。当对方反驳自己的意见时，切勿急躁、恼怒。

（3）待客礼。星期日下午，是德国人在家接待宾客的时间。家家户户都保持着最佳状态的整洁，以便随时准备开门迎接客人。大多数德国人不尚空谈，待人接物以诚恳为礼。一般来说，主人要等客人坐定之后才能坐下，并应热情待客，如给客人上饮料、敬烟、递打火机等。细心的主人上饮料前会征求客人的意见，"我可以敬献给您什么饮料？"或者问："您想喝点什么？"德国人敬烟不劝烟。客人告别时，要让客人自己开门，否则易使人误解你要下逐客令。

2. 禁忌

（1）符号忌。德国人最禁忌的符号是"卐"。1921年，希特勒以卐字旗作为纳粹党（Nazi）的标志。第二次世界大战期间，纳粹暴行令人发指。因此，德国人对这个符号十分反感。

（2）颜色忌。德国人禁忌以茶色、红色、深蓝色和黑色做包装色的物品。在德国一些地方，红色被视为色情的颜色；而黑色是悲哀的颜色，令人毛骨悚然。

（3）食物忌。德国人忌食核桃。

三、美洲

（一）巴西礼仪与禁忌

1. 礼仪

（1）见面礼。在巴西，熟人相见，男士之间互相拥抱，相互拍打后背，以示关系非同一般，女士之间，或女士遇到熟识的男士，则要亲吻面颊，表示亲热。但这种亲吻，不是亲吻嘴唇，而是两人的面颊互贴一下，嘴里还要发出亲吻之声，但嘴不接触脸。恋人见面，方可亲嘴。有时这种贴面礼显得很烦琐，比如几十人相聚，后到的人要依次同在场的每个人贴面颊。即使先到的人已围着桌子坐好了，并正在吃东西，他们也必须站起来，走出去同后到的人行这种贴面礼。在一些社交场合，身份高的女士经常伸出手，让人亲吻。以吻手而代替握手，是表示对妇女的尊重。当然，在巴西也有握手的礼节，这一般在初次见面或在不太熟识的人之间发生。身份较高的人、年长者、主人或妇女和别人见面，一般要先伸出手，身份低的人、年轻人、客人等不能抢先伸手，否则会被认为举止不恭。巴西人同别人相见时很注意自己的仪表、言谈和举止。但是，巴西人与别人见面往往不太守时，约定几点见面，往往要推迟若干分钟。巴西人喜欢在周末或节假日携家人或伴友在餐馆用餐。一般工薪阶层一个月在餐馆吃上两三顿,往往要花去薪水的很大一部分。

(2) 赠送礼品。巴西人赠送礼品时,接收礼品的人要将其当面打开,不管喜不喜欢,都要向送礼者表示谢意。

(3) 尊重妇女。巴西人奉行女士优先的原则,乘公共汽车女士先上,女士先坐。男士乘自己的车或出租车,主动为同行的女士开门,到达目的地后,先下车为女士开门。到别人家做客,先向女主人问候和致意。用餐时,服务员先为女士服务。在公共场合,男士如吸烟,先征求周围女士意见。在法律上实施保护女性,一旦夫妻离异,男方需按时付给女方生活费和未成年子女教育费,若男方富有,女方可以要求分割其财产。

(4) 交谈礼仪。巴西人爱夸耀自己的孩子,对他们的孩子表示关注会使他们高兴。巴西男人喜爱逗人的笑话,也爱放声大笑,但别谈带有种族意识的笑话。还应回避谈论政治、宗教以及其他有争议的话题。

2. 禁忌

(1) 社交禁忌。巴西人崇尚有秩序的社会,反对在公共场所排队加塞,禁止在大街上乱丢垃圾和在公共场所吸烟,蔑视偷盗、抢劫。注意在公共场所的谈吐举止,避免高谈阔论、大声喧哗,不乱丢垃圾、随地吐痰。巴西人热情奔放,乐于助人。

(2) 数字忌。巴西人忌讳数字"13",他们普遍认为"13"为不祥之数,是会给人带来厄运或灾难的数字。因此,人们都忌讳见到、听到"13"。

(3) 8月13的禁忌。巴西人认为,8月13是不吉利的日子。

(4) 颜色忌。巴西人忌讳紫色,认为紫色是悲伤的色调;忌讳绛紫红花,因为这种花主要用于葬礼上;他们还把人死喻为黄叶落下,因此,棕黄色就成凶丧之色,很为人们所忌讳。

(5) 手势忌。巴西人忌用拇指和食指联成圆圈,并将其余三指向上升开,形成"OK"的手势。认为这是一种极不文明的表示。对未经许可私入宅门的人是极为讨厌的。认为不怀好意的歹徒才爱这样做。

(6) 送礼忌。巴西人送礼忌讳送手帕。他们认为送手帕会引起吵嘴和不愉快。

(7) 交谈忌。在与巴西人闲聊过程中,千万别议论与阿根廷有关的政治问题。

(二) 墨西哥礼仪与禁忌

1. 礼仪

(1) 待客礼。墨西哥人十分注意礼节风度和言谈举止。他们在公共场合,一般都表现得十分文雅,而且讲究礼貌和热情。他们无论对谁,总愿以笑脸相待。他们在赴约时,一般都不习惯准时到达,总愿迟到15分钟至半小时左右。他们把这样看成是一种礼节风度。墨西哥瓦哈卡州一带的印第安人,每当款待尊贵的客人时,总习惯拿出他们最喜爱的高贵食品"油炸蚂蚁"让客人品尝。他们认为这样才能表达自己的心情。

(2) 馈赠礼物。墨西哥人喜欢把优质的白兰地和苏格兰威士忌作为赠礼,而书籍、座钟以及金笔或打火机是不错的商业礼物。墨西哥人在与朋友告别时,有送一张弓、一支箭或几张代表神灵的剪纸的习惯,以表示他们对朋友的美好祝愿。有些地方的女孩最怕过新年。因为当地习惯女孩超过17岁找不到对象,就会失去自由恋爱的权利,父母就会将女儿作为新年贺礼送人。

(3) 审美习俗。墨西哥的恰姆拉人审美习俗非常特别。他们把鼻子的大小作为衡量一个人美丑的重要标准。一个姑娘如果鼻子扁小而略为上翘,一定会赢得众多小伙子的追求,因为这是他们最为理想的美人。他们对白色的花格外喜爱,因为他们认为白色花可以驱邪。他们非常喜欢骷髅糖。他们不但对骷髅不感到惧怕,也不认为骷髅是不祥之物。因此他们不仅用骷髅糖作祭品,还常用其馈赠情侣或朋友等。他们极为喜欢仙人掌,因为它给人们带来了幸福与美好,并喻其为国花。他们视雄鹰为英雄的化身,是勇敢、美好的象征,并尊其为国鸟。

(4)见面礼。墨西哥人在社交场合最常用的礼节是微笑和握手礼。墨西哥人与熟人、亲戚朋友或情人之间相见,一般都惯以亲吻和拥抱为礼节。

2. 禁忌

(1)手势忌。墨西哥人认为在公共场合将手插在口袋里是不礼貌的行为,而将手放在臀部则意味着对别人的挑战或威胁。墨西哥人忌讳外人用手势来比画小孩的身高,他们认为这种手势只适用于表示动物的高矮,用在人身上,就有侮辱的意味。

(2)亲吻忌。尽管大家都亲吻和拥抱,但这种习惯用于熟人之间。男子绝不能吻一个十分不熟悉的女士的面颊和手。

(3)图案数字忌。墨西哥人认为蝙蝠是一种吸血鬼,所以他们忌讳其图案,他们也同样忌讳13和星期五。

(4)颜色忌。墨西哥人认为紫色是不吉利的棺材色,应避免使用。向墨西哥人送礼物,不能送紫色类的物品或以紫色包装的礼品。穿紫色系的衣服访问别人,或招摇过市,一样也不受欢迎。在墨西哥,黄色花表示死亡,红色花表示符咒。

四、非洲和大洋洲

(一)埃及礼仪与禁忌

1. 礼仪

(1)问候礼。埃及人见面时异常热情。一般情况下,见到不太熟悉的人,先致问候的人说全世界穆斯林通行的问候语——"安塞俩目尔来库姆"(直译为"和平降于你",意为"你好")。我国穆斯林简称它为"色兰"。如果是老朋友,特别是久别重逢,则拥抱行贴面礼,即用右手扶住对方的左肩,左手搂抱对方腰部,先左后右,各贴一次或多次。而且还会连珠炮似地发出一串问候语:"你好吧?""你怎么样?""你近来可好?""你身体怎样?"等等。

(2)亲吻礼。埃及人称亲吻为"布斯"。嘴对嘴的接吻局限于情人和夫妇之间,而且在公开场合是禁止的。夫妻一方出远门,在车站或机场送别和迎接时,丈夫只能吻妻子的脸颊。

(3)称呼礼。为表亲密或尊重,埃及的老年人常将年轻人叫作"儿子""女儿",学生会把老师叫"爸爸""妈妈",穆斯林之间则互称"兄弟"。

(4)拜访礼。埃及人非常好客,贵客临门会令其十分愉快。去埃及人家做客通常应注意:事先需要预约,并要以主人方便为宜。通常在晚上六点后以及斋月期间不宜进行拜访;按惯例,穆斯林家里的女性,尤其是女主人是不待客的,故勿对其打听或问候;就座后,切勿将足底朝外,更不要朝向对方。

2. 禁忌

(1)"左手"忌。埃及人(穆斯林皆如此)认为"右比左好",右是吉祥的,做事要从右手和右脚开始,握手、用餐、递送东西必须用右手,穿衣先穿右袖,穿鞋先穿右脚,进入家门和清真寺先迈右脚。究其原因,穆斯林"方便"和做脏活时都用左手,因此左手被认为是不干净的,用左手与他人握手或递东西是极不礼貌的,甚至被视为污辱性的。

(2)着装忌。在埃及,短、薄、透、露的服装是禁止的。哪怕是婴儿的身体也不应无掩无盖,街上也不见公共澡堂。在埃及,看不见袒胸露背或穿短裙的妇女,也遇不到穿背心和短裤的男人。在埃及,穿背心、短裤和超短裙是严禁到清真寺去的。

(3)食物忌。穆斯林除不食猪肉外,也不食狗、蛇、驴肉等。穆斯林还不食自死的家禽和牲畜。

(4)"打哈欠"的忌讳。通常在众人面前不要打哈欠和打喷嚏,如果实在控制不住,应转脸捂嘴,并说声"对不起"。埃及人讨厌打哈欠,认为哈欠是魔鬼在作祟。一个人打哈欠,如同犯罪似的急忙说:"请真主宽恕。"而打喷嚏则认为不一定是坏事。一个人如果在众人前打喷嚏,则说:"我保证,一切非主,唯有真主。"而旁边的人说:"真主怜爱你。"他接着说:"真主宽恕我和大家。"

(5)数字及颜色忌。埃及人喜欢绿色和白色,而忌讳黑色和黄色。他们认为3、5、7、9是积极的,而认为13是消极的。

(二)澳大利亚礼仪与禁忌

1. 礼仪

(1)见面礼。澳大利亚人见面时通常行握手礼。亲密的男朋友相见时可亲热地拍拍对方的后背,要好的女朋友相逢时常常亲吻。

(2)称呼礼。大多数澳大利亚人性格外向、热情、坦率,容易接触与相处。初次见面时称呼别人先说姓,加上"先生""小姐"或"太太"等。熟识后若以小名相称,则表明双方的关系很融洽。

(3)交谈礼。澳大利亚人真诚、踏实,不喜欢自夸与吹牛的人。交谈时语气平和,声音高低适度,不喜欢转弯抹角、拖泥带水。异性之间交谈时,男士若对女士挤眉弄眼,是不礼貌的。

2. 禁忌

(1)数字忌。信奉基督教的澳大利亚人忌讳数字"13",认为"13"是个不吉利的数字。

(2)比较忌。自尊心很强的澳大利亚人不喜欢别人把他们与英国人或美国人相比,或者评论他们之间的异同。澳大利亚人常为自己独特的民族风格而自豪。

(3)话题忌。澳大利亚人很随和,但对宗教却非常认真。因此,平时交谈应尽量避免谈工会、宗教与个人问题等话题,也不要扯澳大利亚土人社会与现代人社会的关系和关于袋鼠数量的控制等敏感的话题。

知识链接

部分国家传统节日

 实训练习

案例分析

案例1

张女士是位商务工作者,由于业务成绩出色,随团到中东地区某国考察。抵达目的地后,受到了东道主的热情接待,并举行宴会招待。席间,为表示敬意,主人想给每位客人一一递上一杯当地特产饮料。轮到张女士接饮料时,一向习惯于"左撇子"的张女士不假思索,便伸出左手去接,主人见此情景,脸色骤变,不仅没有将饮料递到张女士的手中,而且非常生气地将饮料重重地放在餐桌上,并不再理睬张女士。

思考题:张女士为什么遭受冷遇呢?

案例2

一次国际商贸合作中,东北某知名企业与埃及一公司派来的代表团进行了磋商,会谈成果斐然,双方初步达成合作协议。会后,中方宴请远道而来的客人,精心准备了一桌美味,其中,特别安排了东北名菜"猪肉炖粉条"和朝鲜族的特色菜狗肉。

本来气氛和谐而热烈的晚宴,在压轴菜"猪肉炖粉条"和狗肉上来后,客人们的脸色一下子变了,在用本民族的语言叽叽咕咕地说了几句话后,最后竟气愤地甩袖而去。最终,这桩合作彻底泡汤了。

讨论题:为什么埃及客人会拂袖而去,中止合作?

案例3

国内某家专门接待外国游客的旅行社,有一次准备在接待来华的巴西游客时送每人一件小礼品。于是,该旅行社订购制作了一批纯真丝手帕,是杭州制作的,还是名厂名产,每个手帕上都绣着花草图案,十分美观大方。手帕装在特制的纸盒内,盒上又有旅行社社徽,显得是很像样的小礼品。中国丝织品闻名于世,料想会受到客人的喜欢。

旅游接待人员带着盒装的纯丝手帕,到机场迎接来自巴西的游客。欢迎词致得热情、得体。在车上他代表旅行社赠送给每位游客两盒包装甚好的手帕,作为礼品。

没想到车上一片哗然,议论纷纷,游客显出很不高兴的样子。特别是一位夫人,大声叫喊,表现极为气愤,还有些伤感。旅游接待人员心慌了,好心好意送人家礼物,不但得不到感谢,还出现这般景象。中国人总以为送礼人不怪,这些外国人为什么怪起来了?

讨论题：巴西游客为什么这么生气？

课后练习题